Andrea Erkert

Da wächst was!

Wie Kinder in der Natur Teamfähigkeit entwickeln

Andrea Erkert

Da wächst was!

Wie Kinder in der Natur Teamfähigkeit entwickeln

Unser Buchprogramm im Internet: www.verlag-modernes-lernen.de

Externe Links
Der Verlag weist ausdrücklich darauf hin, dass eventuell im Text enthaltene externe Links vom Verlag nur bis zum Zeitpunkt der Buchveröffentlichung eingesehen werden konnten. Auf spätere Veränderungen hat der Verlag keinerlei Einfluss. Eine Haftung des Verlages ist daher ausgeschlossen.

Folgen Sie uns auf  

Gesamtherstellung in Deutschland: Löer Druck GmbH, Dortmund

Schrift: Alegreya Sans

Titelbild: © Alina – stock.adobe.com

Bestell-Nr. 1326 ISBN 978-3-8080-0896-6

Inhalt

Vorwort

Ob im Wald, auf der Wiese oder im Garten: Teamspiele machen draußen besonders viel Spaß! Allein schon der Aufenthalt in der freien Natur sensibilisiert die Sinne, macht entspannt und fröhlich. Indem mehrere Kinder zusammen aktiv sind, können sie an der frischen Luft nicht nur gemeinsam die biologische Vielfalt entdecken und Achtsamkeit gegenüber der Natur entwickeln, sondern auch ihren Bewegungsdrang ausleben. Das tut einfach gut, fördert die körperliche Entwicklung, stärkt das Immunsystem und wirkt sich positiv auf das seelische und körperliche Wohlbefinden aus.

Teamspiele in der freien Natur bieten sich übrigens zur jeder Jahreszeit an. Mit der richtigen Kleidung, können Kinder auch bei schlechtem Wetter auf verspielte Weise in der Natur voneinander und miteinander lernen. Zudem fällt es vielen Kindern draußen wesentlich leichter, sich auf andere einzulassen, miteinander zu kommunizieren und sich gegenseitig zu vertrauen. Das ist geradezu optimal, um überhaupt teamfähig zu werden und letztendlich auch als Team zusammenwachsen zu können.

Bevor es jedoch losgeht, sollten Sie gemeinsam mit den Kindern ein paar wichtige Verhaltensregeln im Hinblick auf den Aufenthalt und das Spielen in der feien Natur erarbeiten, die positiv formuliert folgendermaßen lauten können:

1. Wir sind freundlich und rücksichtsvoll zueinander.
2. Wir verhalten uns in der Natur leise.
3. Wir bleiben stets auf dem uns vorgegebenen Weg.
4. Wir sammeln und verwenden nur die Natursachen, die auf dem Boden liegen.
5. Wir beobachten lediglich kleinere und größere Tiere.
6. Wir pflücken und essen nichts ohne Erlaubnis.
7. Wir nehmen unseren Müll mit und lassen nichts draußen liegen.

„Zurück zur Natur“

Jean-Jacques Rousseau (1712–1778), Genfer Schriftsteller, Philosoph, Pädagoge, Naturforscher und Komponist

Zu den Teamspielen in der Natur

Die Teamspiele in und mit der Natur aus diesem Praxisbegleiter sind für Kinder im Alter von 5 bis 8 Jahren gedacht. Auf spielerische Weise dürfen die Kinder hautnah erleben, was ein Team ausmacht und wie Teamarbeit konkret in der Praxis aussehen kann. In diesem Zusammenhang lernen sie auch verschiedene Tiere kennen, die sich zusammentun, damit sie z. B. überleben können.

Zudem sollen die Kinder gemeinsam ihren natürlichen Lebensraum entdecken und erleben. Miteinander sollen sie die Natur lieben und wertschätzen lernen und dabei auch spielerisch erfahren, dass wir alle die Natur zum Leben brauchen und somit diese besonders pflegen und schützen müssen.

Um diese Ziele zu erreichen, enthält das Buch sieben Kapitel mit verschiedenen Schwerpunkten, die allesamt viel Wissenswertes für die Praxis und jede Menge Teamspiele enthalten. Sie sind relativ einfach und schnell in der Praxis umsetzbar, da in der Regel nur die Sachen verwendet werden, die die Kinder auf dem Boden finden und aufsammeln können. Zudem enthält jede Praxisidee auch eine empfohlene Altersangabe, eine Liste mit den eventuell benötigten Materialien sowie einen Hinweis zum Zeitaufwand.

Nicht zuletzt werden bei den Praxisideen zum Teil auch Möglichkeiten vorgestellt, wie die Kinder ruckzuck mehrere Teams bilden können. Bei den Praxisideen, bei denen zwei Teams gegeneinander antreten, um ihre Kräfte zu messen, kann es jedoch durchaus sinnvoll sein, dass Sie selbst die Teams zusammenstellen. Auf diese Weise kann jedes Kind höchst motiviert mitmachen und somit im wahrsten Sinne des Wortes mit den anderen Kindern aus seinem Team an einem Strang ziehen.

Falls Sie nun auf der Suche nach leicht umsetzbaren Teamspielen sein sollten, bei denen die Kinder in, mit und von der Natur lernen, dann werden Sie hier bestimmt fündig werden.

Und nun wünsche ich Ihnen und den Kindern jede Menge tolle Teamerfahrungen in der Natur

Andrea Erkert

„In der Natur fühlen wir uns wohl, weil sie kein Urteil über uns hat."

Friedrich Wilhelm Nietzsche (1844–1900), deutscher klassischer Philologe und Philosoph

Die Wurzeln des Baumes

Spielerisch das Vertrauen zu anderen aufbauen

Vertrauensspiele sind geradezu ideal, um das gegenseitige Vertrauen von Kindern zu fördern, die einander nicht mehr so fremd sind. Sie tragen dazu bei, das Vertrauen unter den Kindern zu stärken. Auf diese Weise erhalten Sie auch ein gutes Bild über das bereits bestehende Vertrauensverhältnis in der Gruppe. Im Wald und auf der Wiese können Kinder besonders effektiv nicht nur das Vertrauen zu Gleichaltrigen, sondern auch zu sich selbst aufbauen. Spielerisch lernen die Kinder sich auf das, was sie in der Natur vorfinden, in aller Ruhe einzulassen und manchmal auch voller Zuversicht gemeinsam so manche Hindernisse zu überwinden.

Im Folgenden dürfen die Kinder nun auf verspielte Weise auf andere zugehen, miteinander auch ohne Worte kommunizieren und Vertrauen zueinander entwickeln, das die Basis für jede gute Teamarbeit ist. So lernen die Kinder unter anderem, gemeinsam Bäume bewusst wahrzunehmen, dessen starke, stabile und verzweigte Wurzeln die Grundlage für das oberirdische Wachstum sind. Die Kinder sollen auf vielfältige Weise begreifen lernen, wie schön es auch sein kann, verlässliche Freunde zu haben und nicht alles alleine meistern zu müssen.

„Die größte Ehre, die man einem Menschen antun kann, ist die, dass man zu ihm Vertrauen hat."

Matthias Claudius (1740–1815), deutscher Dichter, Schriftsteller und Journalist

Von Baum zu Baum

Alter: ab 5 Jahren

Material: für die Hälfte der Gruppe jeweils 1 Augenbinde und 1 Eichelblatt, für die andere Hälfte jeweils 1 Eichel, 1 Handtrommel; evtl. 4 Markierungskegel

Zeitaufwand: 5–10 Minuten

Spielverlauf:

Die Kinder suchen sich z. B. eine Eiche, die Eicheln trägt. Die Hälfte der Gruppe holt sich jeweils ein Eichelblatt. Die übrigen Kinder suchen sich passend dazu eine Eichel. Die Kinder verteilen sich auf einem überschaubaren Spielfeld, das Sie mithilfe von vier Markierungskegeln kennzeichnen können.

Zum Rhythmus der Handtrommel laufen alle auf dem Spielfeld herum. Die Kinder tauschen untereinander ihre Naturgegenstände nach Herzenslust aus. Das geht so lange, bis das Trommeln stoppt. Die Kinder, die nun ein Eichelblatt in den Händen halten, suchen sich jeweils ein Kind, das eine Eichel hat und umgekehrt. Auf diese Weise entstehen 2er-Teams, die von Ihnen jeweils eine Augenbinde erhalten.

Während nun das erste Kind sich die Augenbinde aufsetzt, stellt sich das zweite Kind hinter ihm auf, um von dort aus die Führung zu übernehmen.

Deuten Sie nun auf einen Baum, der das Ziel darstellt. Indem das vordere Kind auf die linke Schulter des vor Ihnen stehenden Kindes tippt, geht's nach links. Spürt es jedoch die Hand auf der rechten Schulter, geht's nach rechts. Wenn es aber beide Hände auf dessen Schultern legt, dann gehen beide Kinder der Reihe nach geradeaus. Das geht so lange, bis alle Paare vor dem ausgewählten Baum stehen. Dort angekommen, tauschen die Kinder ihre Rollen.

Eine neue Spielrunde finden statt, sobald die vorderen Kinder ihre Augen verbunden haben und Sie auf einen anderen Baum deuten.

Wenn sich im Herbst die Blätter verfärben, dann sind auch die Früchte reif, wie z. B. die Eicheln, die abfallen. Sie werden von Kindern gerne zum Basteln und Spielen aufgesammelt. Nicht zuletzt sind die Eicheln natürlich auch ein Leckerbissen, z. B. für Wildscheine, Dam- und Rotwild.

Stöcke im Einklang

Alter: ab 5 Jahren

Material: für jedes Kind 1 kleiner Stock, 1 Augenbinde

Zeitaufwand: 3–5 Minuten

Spielverlauf:
Jedes Kind sucht sich einen kleinen Stock. Danach bildet die Hälfte der Gruppe einen Kreis. Die übrigen Kinder verteilen sich im Innenkreis und knien sich auf den Boden. Eines der Kinder jedoch, das sich im Innenkreis befindet, erhält von Ihnen eine Augenbinde. Das Kind steht auf, zieht die Augenbinde an und dreht sich einmal um die eigene Achse. Währenddessen wählen Sie heimlich ein Kind auf der Kreisbahn aus.
Das betreffende Kind darf nun das Kind mit der Augenbinde mehrfach namentlich benennen. Daraufhin soll das Kind in Richtung des gesuchten Kindes trotz der Hinternisse bzw. vielen Kinder im Innenkreis gehen. Sollte es jedoch auf ein anderes stoßen, ruft das betreffende Kind laut „Stopp!", sodass es die Suche anderswo fortsetzt. Das geht so lange, bis es das Kind, das nach ihm ruft, erreicht. Das Kind nimmt seine Augenbinde ab. Die beiden Kinder schlagen ihre Stöcke gegeneinander, um zu symbolisieren, das sie zusammengehören. Sie bilden nun ein Paar.
Eine neue Spielrunde beginnt, sobald das Kind seine Augenbinde einem anderen im Innenkreis übergeben hat und es ebenfalls auf der Kreisbahn neben seinem Partnerkind steht.
Auf diese Weise geht's immer weiter, bis alle Kinder zusammen im Kreis stehen.

Miteinander im Wald nach Naturmaterialien zu suchen, macht Spaß und sensibilisiert die Kinder ohne viel Zutun für die kleinen Schätze aus der Natur. Die vielseitig verwendbaren Naturmaterialien eignen sich natürlich auch für so manches Vertrauensspiel.

Auf der Blätterdecke

Alter: ab 5 Jahren

Material: 1 Wolldecke, jede Menge Pflanzenblätter

Zeitaufwand: 3–5 Minuten

Spielverlauf:
Die Kinder breiten auf dem Boden eine große Decke aus und sammeln jede Menge Pflanzenblätter, die sie auf der Decke verteilen.
Wer möchte sich nun auf die Decke legen? Ein Kind, das so richtig Lust darauf hat, legt sich einfach ganz entspannt mit dem Rücken auf die Decke. Dabei sind die Arme leicht angewinkelt und die Beine etwas gespreizt. Die Handflächen zeigen nach oben oder unten.
Die übrigen Kinder stellen sich um die Decke herum und fassen die Decke an. Auf Ihr Kommando dürfen die Kinder nun das Kind auf der Decke vorsichtig anheben und zwar so, dass möglichst keine Blätter von der Decke auf den Boden fallen. Dabei können sie einmal im Kreis herum gehen.
Im Anschluss daran setzt die Gruppe das liegende Kind wieder behutsam auf dem Boden ab.
Das Kind steht langsam wieder auf und tauscht den Platz mit einem anderen, das sich nun auch vertrauensvoll in die Hände der anderen begeben möchte. Dabei kann die Gruppe noch weitere Pflanzenblätter auf der Decke verteilen.
Auf diese Weise können auch noch andere Kinder an die Reihe kommen, die sich auch gerne auf diese spezielle Decke legen möchten.

Für diese Praxisidee werden möglichst viele Pflanzenblätter benötigt, die die Kinder vor allem im Herbst, wenn die bunten Blätter von den Bäumen abfallen, auf dem Boden mühelos finden und aufsammeln können. Das allein schon macht Spaß und steigert die Vorfreude auf das Kommende.

Auf dem Baumstamm

Alter: ab 6 Jahren

Material: Baumstamm, 2 Steine; evtl. für jedes zweite Kind 1 Augenbinde

Zeitaufwand: 3–5 Minuten

Spielverlauf:
Die Kinder bilden einen Innen- und Außenkreis und zwar so, dass sich immer zwei Kinder direkt gegenüber stehen. Die Kinder im Innenkreis gehen nun so lange im Uhrzeigersinn herum, bis Sie zwei Steine gegeneinander schlagen. In diesem Moment bleiben die Kinder im Innenkreis stehen und wenden sich ihrem jeweiligen Partnerkind im Außenkreis zu. Auf diese Weise können nach dem Zufallsprinzip 2er-Teams gebildet werden.
Für dieses Vertrauensspiel wird nun ein langer Baumstamm, der auf dem Boden liegt, gebraucht. Das erste Kind klettert auf den Baumstamm und das andere führt es an der Hand. Auf der anderen Seite des Baumstamms angekommen, tauschen beide ihre Rollen. Das neue Kind auf dem Baumstamm geht dann wieder die Strecke zurück.
Auf diese Weise kommen auch die anderen 2er-Teams an die Reihe.

Hinweis
Ältere und geübtere Kinder können sich auch die Augen verbinden und sich sozusagen blind auf dem Baumstamm von ihrem Partnerkind führen lassen.

Bevor die Kinder das Spiel „Auf dem Baumstamm“ durchführen, können sie auch, falls es draußen nicht zu kalt sein sollte, barfuß erst einmal einzeln der Reihe nach auf dem Baumstamm gehen, um die Eigenschaften des Baums sozusagen hautnah kennenzulernen.

Unser Baum

Alter: ab 5 Jahren

Material: 1 Klangschale

Zeitaufwand: 3–5 Minuten

Spielverlauf:

Die Kinder suchen sich einen großen Baum aus.

Miteinander bilden sie einen großzügigen Kreis um den Baum herum und zwar so, dass sie sich gegenseitig gerade noch die Hände geben können.

Während Sie nun die Klangschale anschlagen, machen alle einen großen Schritt in Richtung Baum und bleiben Hand in Hand stehen. Die Kinder öffnen ihre Augen, um den näherkommenden Baum auf sich wirken zu lassen.

Erklingt erneut die Klangschale, schließen alle wieder ihre Augen und machen einen weiteren Riesenschritt in Richtung Baum. Danach öffnen sie wieder ihre Augen, um den Baum ganz aus der Nähe zu betrachten.

Auf diese Weise geht's immer weiter, bis alle den Baum umarmen können.

Mithilfe dieser Praxisidee sollen die Kinder nicht nur aufeinander zugehen, sondern sich auch Schritt für Schritt näher kommen und gegenseitig vertrauen lernen. Miteinander sollen sie so auch die Kraft des Baums spüren, indem sie diesen gemeinsam umarmen.

Die Wurzeln des Baumes

Alter: ab 5 Jahren

Material: –

Zeitaufwand: 5–6 Minuten

Spielverlauf:
Die Kinder machen sich gemeinsam auf die Suche nach einem großen Baum. Wurde ein solcher Baum gefunden, bilden sie um ihn herum einen Kreis. Erzählen Sie den Kindern, dass jeder Baum Wurzeln hat, die sich tief unter der Erde befinden. Sie nehmen Wasser und Nährstoffe auf und versorgen damit den Stamm, die Zweige, Blätter, Blüten und Früchte des Baums. In diesem Zusammenhang können Sie den Kindern bewusst machen, dass sie so wie jede einzelne Wurzel des Baums ein wichtiger Teil der Gruppe sind. Indem man sich gegenseitig vertraut und aufeinander einlässt, kann man auch als Team zusammenwachsen.
Die Kinder sollen das nun verinnerlichen, indem Sie eines der Kinder namentlich benennen, das nun seine Augen schließen und in Richtung Baum gehen darf. Damit das jedoch gelingt, dürfen die anderen entweder „Kalt!“ oder „Warm!“ rufen. Befindet sich das Kind direkt vor dem Baum rufen alle laut „Baum!“. Das Kind öffnet seine Augen und darf den Baum umarmen. Im Anschluss daran ruft das vorherige Kind ein anderes Kind herbei, das sich genauso auf den Weg machen darf. Das Vertrauensspiel ist beendet, sobald alle den Baum umarmen konnten.

Indem Sie den Kindern das Foto zeigen, wird ihnen bewusst gemacht, dass die Wurzeln den Baum mit wichtigen Nährstoffen versorgen und somit auch die Basis für das oberirdische Wachsen bilden. Es fängt also alles mit den Wurzeln an. Und was hat das mit dem Team zu tun? Erklären Sie den Kindern, dass die vielen Wurzeln nun die Kinder symbolisieren sollen, die im Team zusammenwachsen und so auch gemeinsam stark werden.

Zarte Verbindung

Alter: ab 5 Jahren

Material: für die Hälfte der Kinder jeweils 1 größeres Pflanzenblatt, 1 Handtrommel; evtl. 4 Markierungskegel

Zeitaufwand: 3–5 Minuten

Spielverlauf:
Die Kinder sammeln ein paar große Pflanzenblätter vom Boden.
Davon wählen Sie die Schönsten für die Hälfte der Gruppe aus.
Zu Beginn laufen alle vergnügt auf einem übersichtlichen Spielfeld herum, das Sie mithilfe von vier Markierungskegeln kennzeichnen können.
Sobald Sie jedoch einmal trommeln, darf jedes Kind, das ein Pflanzenblatt hat, mit jeweils einem anderen, das noch nichts in den Händen hält, ein Paar bilden.
Daraufhin dürfen immer die zwei Kinder, die ein Paar bilden, sich direkt nebeneinander stellen, um das Pflanzenblatt gemeinsam zu transportieren. Das Besondere daran: Die Paare sollen ihr Pflanzenblatt nicht mit der Fingern greifen, sondern mit jeweils einer Hand eine gemeinsame Schale bilden, in die sie das Pflanzenblatt legen.
Sollte jedoch einem Paar unterwegs das Pflanzenblatt auf den Boden fallen, probieren sie es einfach noch einmal aus. Das geht so lange, bis es alle Paaren gelungen ist, mit ihrem Pflanzenblatt gemeinsam spazieren zu gehen.

Ein Pflanzenblatt liegt leicht auf der Hand, kann jedoch relativ schnell vom Wind verweht werden. Damit die Kinder auch zu zweit ein Pflanzenblatt transportieren können, müssen sie besonders achtsam und behutsam sein.

Unter dem Maulwurfshügel

Alter: ab 5 Jahren

Material: 1 Augenbinde

Zeitaufwand: 2–3 Minuten

Spielverlauf:
Alle Kinder bis auf eines bilden eine schmale Gasse auf einer Wiese.
Dabei stehen sich immer zwei Kinder direkt gegenüber und halten ihre Arme leicht schräg nach oben und zwar so, dass sie sich gegenseitig mit den Händen anfassen können. Das einzelne Kind spielt einen Maulwurf, stellt sich vor den Gang bzw. die Gasse. Dort angekommen, erhält es von Ihnen eine Augenbinde.
Auf ein Startzeichen, das durch Sie erfolgt, darf das Kind blind durch die Gasse gehen. Die Aufgabe der Gruppe besteht darin, einen Summton abzugeben, bevor das Kind ein anderes berühren kann. Am anderen Ende angekommen, nimmt es seine Augenbinde ab und tauscht den Platz mit einem anderen, das sich nun vor die Gasse stellen und sich genauso auf den Weg machen darf.
Auf diese Weise finden noch ein paar Durchgänge statt.

Machen Sie anhand des Fotos den Kindern bewusst, wie viel Anstrengung es kosten kann, um einen guten Weg zu finden. Indem einem jedoch andere – so wie bei dieser Praxisidee – weiterhelfen, bekommt man sofort wieder viel mehr Motivation und Vertrauen in die eigenen Fähigkeiten.

Eine schöne Begegnung

Alter: ab 6 Jahren

Material: –

Zeitaufwand: 3–5 Minuten

Spielverlauf:
Alle Kinder mit Ausnahme von einem bilden einen Kreis.
Das einzelne Kind stellt sich in die Kreismitte, schließt seine Augen und streckt einen Arm waagrecht aus. Es dreht sich um die eigene Achse. Die übrigen Kinder zählen laut bis Zehn. Das Kind bleibt bei der Zahl Zehn stehen und öffnet seine Augen. Dasjenige Kind, auf das es nun zufällig deutet, darf sich nun mit ihm außerhalb des Kreises begeben. Währenddessen wählen Sie ein neues Kind aus, das sich in die Kreismitte auf die gleiche Weise nach dem Zufallsprinzip ein Partnerkind auswählen darf.
Es geht so immer weiter, bis jedes Kind ein Partnerkind hat, mit dem es sich dann Rücken an Rücken aufstellt. Eines der Kinder darf nun das andere langsam z. B. zu einer Blume oder einfach zu einem Baum führen. Am Zielort angekommen, beschreibt es nun so gut wie möglich das, was es ausgewählt hat. Das Partnerkind hört aufmerksam zu, um das Rätsel zu knacken. Zur Kontrolle dreht es sich um und ist gespannt, ob es das Beschriebene erraten konnte. Falls ja, haben beide die Aufgabe als Team gut gemeistert.
Unabhängig davon, tauschen beide ihre Rollen und wiederholen das Spiel.

Die Freude ist groß, wenn man das Rätsel lösen konnte und die Antwort sozusagen in der Hand hält. Mithilfe dieser Praxisidee lernen die Kinder sich nicht nur gegenseitig vertrauen, sondern auch das aufmerksame Zuhören und so ganz nebenbei vielleicht auch ein paar auf den ersten Blick unscheinbare Dinge aus der Natur kennen.

Über Stock und Stein

Alter: ab 6 Jahren

Material: für ein Viertel der Gruppe jeweils einen langen Stock

Zeitaufwand: 3–5 Minuten

Spielverlauf:
Ein Viertel der Gruppe sucht sich jeweils einen langen Stock und bildet mit der gleichen Anzahl an Kindern eine lange Gasse und zwar so, dass immer zwei Kinder sich direkt gegenüber stehen. Die Kinder gehen dann in die Hocke. Dabei halten immer zwei Kinder, die sich einander gegenüber befinden, einen Stock waagrecht fest, sodass in der Gasse jede Menge Hindernisse entstehen. Die Hälfte der Gruppe bildet eine lange Schlange und fasst sich an den Schultern. Bis auf das vorderste Kind schließen alle Kinder in der Schlange ihre Augen. Das Kind geht mit den anderen im Schlepptau langsam durch die Gasse, damit alle die Hindernisse sicher überqueren können.
Am andere Ende angekommen, darf ein anderes Kind die Gruppe anführen und genauso den Weg mit den Kindern zurücklegen.
Im Anschluss daran tauscht die Gruppe mit den anderen den Platz, sodass auch die Kinder, die vorher die Stöcke gehalten haben, voller Zuversicht durch die Gasse gehen können.

Kinder haben viel Freude daran, miteinander aktiv zu werden und sich so wie hier gemeinsam ein paar Stöcke zu suchen. Allein schon die Spielvorbereitung fördert die Kommunikation und das gute Miteinander, sodass sich das darauf folgende Vertrauensspiel noch leichter durchführen lässt.

Wald- und Wiesengrüße

Sich gegenseitig begrüßen, zuhören und wertschätzen

Die Kinder können sich per Handschlag gegenseitig begrüßen oder einfach ein allgemeines „Hallo! in die Runde rufen. Sie können sich jedoch auch gegenseitig zuwinken, umarmen oder einfach auf die Schulter klopfen. Es gibt viele Möglichkeiten, um den anderen Respekt zu erweisen und zueinander höflich zu sein. Je nachdem, wie gut sie sich bereits untereinander kennen, kann eine Begrüßung ausgesprochen herzlich sein. Indem die Kinder auch nachfragen, wie es dem anderen gerade geht, zeigen sie Interesse füreinander. Darauf lässt sich dann ein Gespräch hervorragend aufbauen.
Im zweiten Kapitel werden nun verschiedene Praxisideen für den guten Anfang vorgestellt, bei denen die Kinder im Wald oder auf der Wiese aufeinander zugehen, um „Hallo!“ zu sagen oder sogar ein paar nette aufbauende Worte zu wechseln. Indem die Kinder in Bewegung kommen und sich untereinander austauschen oder sich gar bei einer Tasse Tee gegenseitig nach ihrem Wohlbefinden erkundigen, kann jedes Kind sich rasch in der Gruppe dazugehörig fühlen. Das wiederum wirkt sich positiv auf das Spiel- und Sozialverhalten gerade auch im Hinblick auf die nachfolgenden Teamspiele aus. Auf diese Weise haben alle Kinder einen guten Start in den neuen Tag und besonders viel Freude an dem, was sie dann gemeinsam in der Natur machen und erleben können.

„Das Leben ist kurz, aber man hat immer Zeit zur Höflichkeit."

Ralph Waldo Emerson (1803–1882), US-Amerikaner, Geistlicher, Philosoph und Schriftsteller

Biene und Blüte

Alter: ab 5 Jahren

Material: 1 Klangschale; evtl. 4 Markierungskegel

Zeitaufwand: 3–5 Minuten

Spielverlauf:

Die Hälfte der Kinder verteilt sich auf einem überschaubaren Spielfeld, das Sie mithilfe von vier Markierungskegeln kennzeichnen können.

Sie stellen nun Blüten dar, indem sie sich in die Hocke begeben und ihre Hände wie eine Schale über den Kopf halten. Alle übrigen Kinder spielen Bienen und laufen summend auf dem Spielfeld herum. Dabei machen sie mit ihren Armen Flügelbewegungen. Das geht jedoch nur so lange, bis Sie die Klangschale erklingen lassen. Jedes Kind, das eine Biene darstellt, sucht sich nun ein in der Hocke sitzendes „Blüten"-Kind aus. Wurde ein Paar gebildet, dürfen die beiden Kinder sich zur Begrüßung gegenseitig mit den Händen abklatschen. Danach fragen sich die Kinder gegenseitig, wie es ihnen gerade geht oder was sie am liebsten tun würden.

Erklingt erneut die Klangschale, ist das Begrüßungsspiel beendet und die Kinder kommen im Kreis zusammen, sodass Sie selbst auch noch ausreichend Gelegenheit dazu haben, die Kinder zu begrüßen.

Zu Beginn der Praxisidee können Sie den Kindern das Foto zeigen, bei der eine Biene durch den Blütenduft und die Blütenfarbe angelockt wurde. Es profitieren jedoch beide von der Partnerschaft, denn die Biene sammelt nicht nur Nektar und Pollen, sondern bestäubt auch die angeflogene Pflanze.

Sonnenaufgang im Wald

Alter: ab 5 Jahren

Material: 1 Klangschale

Zeitaufwand: 3–5 Minuten

Spielverlauf:
Alle Kinder bilden einen großzügigen Sitzkreis.
Erzählen Sie den Kindern im Wald, dass viele Vögel, wie z. B. Rotkehlchen, Amseln und Blaumeisen bereits vor dem Sonnenaufgang anfangen zu zwitschern. Die Kinder schießen kurz ihre Augen und lauschen dem Vogelgesang. Während sie nun den Kindern berichten, wie allmählich die Sonne aufgeht, lassen Sie die Klangschale erklingen. Die Kinder stehen nun langsam auf und heben schließlich ihre Arme weit nach oben in die Luft, und führen sie dann seitlich zum Oberkörper. Daraufhin wünschen sie sich alle gegenseitig einen guten Morgen. Fragen Sie die Kinder nun, ob sie ausgeschlafen sind oder nicht. Die Kinder können entweder den Daumen nach oben heben oder nach unten halten. Sollten jedoch Kinder dabei sein, die noch etwas müde sind, dann dürfen diese erst einmal herzhaft gähnen und sich ausgiebig recken und strecken. Das tut gut und macht wach und munter.

Miteinander den Sonnenaufgang zu erleben und in den neuen Tag zu starten, tut einfach gut. Auf spielerische Weise können die Kinder das mithilfe dieser Praxisidee erleben und so auch das eine oder andere Teamspiel besonders harmonisch beginnen.

Im Wald mit einer Tasse Tee

Alter: ab 5 Jahren

Material: für jedes Kind 1 Tasse, 1–2 Thermoskannen z. B. mit Kräuter- oder Früchtetee

Zeitaufwand: 5–6 Minuten

Spielverlauf:
Die Kinder holen sich jeweils eine Tasse und bilden einen Kreis. Danach gehen Sie mit der Thermoskanne in der Hand zu den einzelnen Kindern, die Sie namentlich begrüßen und ihnen dabei etwas Tee einschenken. Im Anschluss daran schenken Sie sich auch selbst etwas Tee ein.
Die Kinder dürfen nun der Reihe nach sagen, was sie sich in Bezug auf die bevorstehenden Teamspiele wünschen würden. Das kann z. B. jede Menge Spielspaß, ein gutes Miteinander oder einfach fair spielen sein. Sobald sich jedoch ein Kind dazu geäußert hat, sagt es: „Prost! Darauf trinke ich einen Schluck Tee!" Es nimmt einen kräftigen Schluck aus der Tasse, bevor sich das nächste Kind, das gerne möchte, dazu auf die gleiche Weise äußert.
Sobald jedoch alle Kinder, die es gerne möchten, an der Reihe gewesen sind, wünschen Sie allen viel Vergnügen bei den nachfolgenden Teamspielen.
Die Kinder können sich nun gegenseitig zuprosten und in aller Ruhe ihren Tee austrinken.

Eine Tasse Tee ist nicht nur ein Getränk, das gut schmeckt und besonders wohltuend in der kalten Jahreszeit ist. Das Teetrinken lädt nämlich auch zum Verweilen und zu tollen Gesprächen ein, die wiederum das gute Miteinander fördern, das gerade auch für die Teamspiele relevant ist.

Wer hat das Pflanzenblatt?

Alter: ab 5 Jahren

Material: 1 Klangschale, 1 Ahornblatt o. Ä.

Zeitaufwand: 5–6 Minuten

Spielverlauf:
Die Kinder mit Ausnahme von einem bilden einen Kreis.
Das einzelne Kind sammelt rasch ein Pflanzenblatt auf dem Boden auf.
Während Sie nun die Klangschale anschlagen, wandert das Pflanzenblatt von Hand zu Hand links im Kreis herum. Sobald jedoch der Ton verklungen ist, wird dasjenige Kind, das gerade das Pflanzenblatt in den Händen hält, von den übrigen Kindern herzlich begrüßt.
Danach schlagen Sie erneut die Klangschale an, sodass das Pflanzenblatt ebenfalls wieder so lange im Uhrzeigersinn herumgereicht wird, bis der Ton verklungen ist. Dasjenige Kind, das nun zufällig das Pflanzenblatt in der Hand hat, wird nun willkommen geheißen. Sollte jedoch ein Kind abermals drankommen, dann gibt es einfach das Pflanzenblatt einem anderen Kind, das dann von der Gruppe freudig begrüßt wird.
Auf diese Weise geht's immer weiter, bis alle Kinder an der Reihe gewesen sind. Danach heißen Sie alle Kinder herzlich im Team willkommen.
Im Anschluss daran können sich die Kinder gegenseitig berichten, was sie sich in Bezug auf die nachfolgenden Teamspiele wünschen würden, wie z. B. freundlich und fair zueinander sein.

Welches Pflanzenblatt ist wohl das schönste? Wer mit wachen Augen in der Natur spazieren geht, kann sehr viele kleine Schätze entdecken. So können die Kinder für dieses Praxisidee anstatt eines Pflanzenblatts natürlich auch einen Tannenzapfen, Kieselstein oder dergleichen verwenden.

Morgens die Bäume begrüßen

Alter: ab 6 Jahren

Material: Bäume, 1 Handtrommel

Zeitaufwand: 3–5 Minuten

Spielverlauf:
Für dieses Spiel werden drei bis vier Bäume, die nicht so weit voneinander entfernt stehen, benötigt.
Zum Rhythmus des Trommelspiels laufen alle Kinder zwischen den betreffenden Bäumen hin und her. Sobald Sie jedoch zu trommeln aufhören, darf jedes Kind sich einen der Bäume aussuchen, um dort nicht nur ein paar andere Kinder, sondern auch den ausgewählten Baum zu begrüßen.
Sobald Sie jedoch erneut die Trommel erklingen lassen, laufen alle wieder im Takt zwischen den Bäumen herum. Das geht wieder so lange, bis Sie zu trommeln aufhören und die Kinder sich wieder in einer Kleingruppe unter einem der ausgewählten Bäume treffen.
Nach ein paar Durchgängen bitten Sie alle zu einem bestimmten Baum, um dort die Gesamtgruppe zu begrüßen und sich nach dem Wohlbefinden eines jeden Kindes zu erkundigen.

Sich rein zufällig unter einem Baum zu treffen, können die Kinder mithilfe dieser Praxisidee erleben. Dabei dürfen sie sich auch gegenseitig begrüßen und natürlich auch den von ihnen ausgewählten Baum nach Herzenslust umarmen.

Die Raupe sagt „Hallo!“

Alter: ab 5 Jahren

Material: –

Zeitaufwand: 3–5 Minuten

Spielverlauf:
Die Kinder verteilen sich auf einem überschaubaren Wiesenstück.
Eines der Kinder beginnt und geht auf ein beliebiges Kind zu.
Es bleibt vor dem Kind stehen und sagt:

„Die Raupe sagt ‚Hallo!‘ zu dir!
Wie geht's dir? Sagst du es mir?!“

Das ausgewählte Kind darf die Frage beantworten, bevor es sich vor das fragende Kind stellt und dieses sich an seinen Schultern festhält. Miteinander gehen nun die beiden Kinder auf ein anderes Kind zu. Dabei darf das vordere Kind auf die gleiche Weise das nächste Kind begrüßen und sich nach dessen Wohlbefinden erkundigen.
Auf diese Weise geht's immer weiter, bis alle Kinder direkt hintereinander stehen.

Zu Beginn können Sie den Kindern das Foto zeigen, damit alle Kinder wissen, wie eine Raupe aussieht, die nach ihrer Farbe bestimmt werden kann. Im Frühjahr oder Herbst können sich die Kinder dann auch z. B. im Garten auf die Suche nach Raupen machen.

Unser Natur Start

Alter: ab 6 Jahren

Material: für jedes Kind 1 Naturmaterial, wie z. B. 1 Tannenzapfen, 1 kleiner Stein und 1 Pflanzenblatt

Zeitaufwand: 5–6 Minuten

Spielverlauf:

Zu Beginn sucht sich jedes Kind einen kleinen Naturgegenstand. Danach bilden alle Kinder einen großzügigen Kreis.

Eines der Kinder beginnt und tritt einen Schritt nach vorne. Es begrüßt die Gruppe und teilt den anderen mit, weshalb es sich z. B. für den Tannenzapfen entschieden hat. Das kann unter anderem die längliche Zylinderform, die dunkelbraune Farbe oder die vielen Schuppen der Zapfen sein. Vielleicht fühlt sich der Tannenzapfen auch einfach nur gut in den Händen an.

Danach tritt das nächste Kind einen Schritt nach vorne. Das Kind tut es dem vorherigen gleich, indem es die Gruppe begrüßt und schließlich das, was es gerade in den Händen hält, vorstellt.

Auf diese Weise geht's immer weiter, bis alle Kinder wieder zusammen im Kreis stehen.

Im Anschluss daran begrüßen Sie zunächst alle Kinder, bevor Sie sie ein Stück weit mit den gesammelten Naturmaterialien vergleichen, die genauso einzigartig sind wie sie selbst. Machen Sie den Kindern bewusst, dass jeder von uns Fähigkeiten hat, die ein Team gut gebrauchen kann.

Welches Naturmaterial soll ich nehmen? Indem die Kinder sich auf die Suche machen und die einzelnen Naturmaterialien miteinander vergleichen, lernen sie ohne viel Zutun auch deren Eigenschaften bewusst wahrzunehmen, die zum Teil auch auf sie selber zutreffen können.

Wo ist noch Baumrinde?

Alter: ab 6 Jahren

Material: 1 Klangschale, für jedes Paar das gleiche Naturmaterial, wie z. B. 2 kleine Stücke Baumrinde, 2 Steine oder 2 Birkenblätter; evtl. 4 Markierungskegel

Zeitaufwand: 3–5 Minuten

Spielverlauf:
Immer zwei Kinder suchen sich jeweils zwei gleiche Naturmaterialien und bilden mit den anderen einen Kreis auf einem überschaubaren Spielfeld, das Sie mithilfe von vier Markierungskegeln kennzeichnen können. Die Kinder mit den gleichen Naturmaterialien stehen jedoch möglichst weit voneinander entfernt.
Auf ihr Kommando hin geben alle Kinder ihre Naturmaterialien von Hand zu Hand links im Kreis herum. Das geht so lange, bis Sie einmal die Klangschale anschlagen. Daraufhin macht sich jedes Kind auf die Suche nach einem Kind, das so wie es selbst z. B. ein Stück Baumrinde in den Händen hält.
Immer wenn sich zwei Kinder mit dem gleichen Naturmaterial gefunden haben, gehen sie Hand in Hand auf dem Spielfeld spazieren. Dabei können die Kinder sich z. B. gegenseitig erzählen, was sie heute früh bereits gemacht haben, auf was sie sich besonders freuen oder wie es ihnen gerade geht.
Sobald Sie jedoch erneut die Klangschale anschlagen, bilden alle Kinder wieder einen Kreis.
Zum Schluss haben Sie selbst nun die Gelegenheit, die Gruppe zu begrüßen und die Kinder auf die nachfolgenden Teamspiele einzustimmen.

Ein kleiner Spaziergang zu zweit ist geradezu ideal, um an der frischen Luft miteinander ins Gespräch zu kommen. Indem die Kinder sich in ihrem eigenen Tempo bewegen, können sie auch ganz entspannt in den neuen Tag starten und so auch das eine oder andere Teamspiel beginnen.

Wohin kleine Schnecke?

Alter: ab 6 Jahren

Material: für jedes Kind 1 Stück Baumrinde oder 1 großes Pflanzenblatt

Zeitaufwand: 5–6 Minuten

Spielverlauf:
Jedes Kind sucht sich ein Stück (abgefallene!) Baumrinde oder ein großes Pflanzenblatt, welches das Schneckenhaus darstellt. Die Kinder versammeln sich dann im Kreis.
Eines der Kinder beginnt und kniet sich auf alle vieren auf den Boden.
Es legt alleine oder mithilfe von Ihnen z. B. das Pflanzenblatt auf den Rücken und krabbelt langsam auf allen vieren als „Schnecke" in Richtung eines anderen Kindes. Dabei achtet es darauf, dass das Pflanzenblatt nicht von seinem Rücken auf den Boden fällt. Ansonsten geht es auf seinen Platz zurück und sucht sich gegebenenfalls ein neues Kind aus, das nicht so weit von ihm entfernt steht. Sobald jedoch das Kind am Zielort angekommen ist, steht es auf, um das andere per Handschlag zu begrüßen und ihm etwas Gutes zu wünschen. Das können z. B. tolle Teamerfahrungen und schöne Erlebnisse in der Natur sein.
Danach tauschen die beiden Kinder ihre Plätze. Das neue Kind macht sich nun auf die gleiche Weise auf den Weg zu einem anderen Kind.
Das Schneckenspiel ist beendet, sobald alle Kinder einmal begrüßt wurden und eine Schnecke darstellen konnten.

Erklären Sie den Kindern, dass Schnecken, sobald sie aus dem Ei geschlüpft sind, bereits ein Haus haben, das jedoch noch sehr klein ist. Je größer die Schnecke wird, desto größer wird auch das Schneckenhaus. Es dient als Versteck und zum Überwintern. Zudem hilft es der Schnecke, in der Trockenzeit nicht auszutrocknen. Und wenn man ein leeres Schneckenhaus findet, dann bedeutet das nicht, dass die Schnecke ausgezogen ist, sondern leider von einem anderen Tier gefressen wurde.

Knarren windgebeugter Äste

Alter: ab 5 Jahren

Material: für jedes Kind 2 ca. 20 cm lange Stöcke

Zeitaufwand: 3–5 Minuten

Spielverlauf:

Jedes Kind sucht sich zwei Stöcke und versammelt sich mit den anderen um einem Baum herum. Spielen viele Kinder mit, werden drei bis vier Bäume benötigt, die nicht zu weit voneinander entfernt stehen. Jede Kleingruppe sucht sich dann einen bestimmten Baum aus.

Miteinander singen sie nach der Melodie des altbekannten Liedes „Bruder Jakob" den folgenden Text, der hier nun etwas vom Originaltext abweicht:

„Guten Morgen, guten Morgen,
schläfst du noch? Schläfst du noch?
Hörst du nicht die Äste? Hörst du nicht die Äste?
Knick, knack, knack, knick, knack, knack."

Bei jedem „Knick, knack, ...!" klopfen sie mit ihren Stöcken gegen die Baum.

Hinweis:

Bruder Jakob (Frère Jacques) stammt aus dem 18. Jahrhundert und ist eigentlich ein vierstimmiger Kanon. Dementsprechend können zwei bis vier Kleingruppen gebildet werden, die sich jeweils einen Baum aussuchen, um miteinander so wie oben beschrieben das Lied als Kanon zu singen.

Während die Kinder das altbekannte Lied „Bruder Jakob“ so wie beschrieben vortragen, können Sie natürlich auch zur Freude der Kinder das Lied auf der Gitarre begleiten. Auf diese Weise entsteht ein tolles Zusammenspiel, das die Kinder übrigens auch im wahrsten Sinne des Wortes für die nachfolgenden Teamspiele brauchen.

Kooperation im Tierreich

Auf verspielte Weise von Tieren im Team lernen

Zusammen sind wir stark: Vogelschwärme, Insektenstaaten & Co. leben in der Gemeinschaft und arbeiten sozusagen zusammen. Auf diese Weise können sich viele Tiere in der Natur z. B. viel besser vor natürlichen Feinden schützen und gegenseitig bei der Futtersuche helfen. Im Tierreich kann die Intensität der Kooperation stark schwanken. Dabei kann es sich so wie bei einem Fischschwarm um einen lockeren Zusammenschluss oder so wie bei den Affen um einen Verbund, bei dem die Rangordnung eine wesentliche Rolle spielt, handeln. Es gibt aber auch Tierstaaten, die als Sozialverband organisiert sind. Das betrifft z. B. Bienen und Ameisen. Nicht zuletzt kann man in der Natur auch eine schöne Symbiose unter anderem zwischen Ameisen und Blattläusen beobachten, die aus zwei unterschiedlichen Arten bestehen und sich dennoch gegenseitig unterstützen.

Im Folgenden sollen die Kinder nun Tiere kennen lernen, die miteinander kooperieren. Indem die Kinder draußen spielen, werden sie auch heimische Tierarten entdecken, die z. B. in einem Tierstaat leben und eine Aufgabenverteilung haben (z. B. Ameisen). Darüber hinaus sollen sie auch etwas über die Rangordnungen und Arterhaltung erfahren.

Ziel ist es, dass die Kinder lernen, wie nicht nur heimische Tiere zum Teil miteinander kooperieren, um ein bestimmtes Ziel, wie z. B. Fressfeinde abzuschrecken, zu erreichen.

„Der Weg ist das Ziel."

Konfuzius (551–479 v. Chr.), Philosoph, Politiker und Lehrer im alten China

Fischschwarm

Alter: ab 5 Jahren

Material: evtl. 4 Markierungskegel, 1 Handtrommel, 1 Stoppuhr oder Uhr mit Sekundenzeiger

Zeitaufwand: 3–5 Minuten

Spielverlauf:

Alle Kinder verteilen sich auf einem überschaubaren Spielfeld, das Sie mithilfe von vier Markierungskegeln kennzeichnen können.

Sie spielen viele kleine Fische. Miteinander laufen sie kreuz und quer auf dem Spielfeld herum. Dabei machen alle Kinder mit ihren Armen Schwimmbewegungen. Sobald jedoch ein kräftiger Trommelwirbel durch Sie erfolgt, sollen alle Kinder blitzschnell einen großen Fischschwarm darstellen, indem sie eng zusammenstehen.

Schafft das die Gruppe, bevor nach 30 Sekunden wieder ein kräftiger Trommelwirbel erfolgt?

Falls ja, konnten alle Fische das individuelle Risiko, von einem Raubfisch gefressen zu werden, der zuvor mit viel Getrommel angekündigt wurde, erheblich verringern.

Auf diese Weise kann das Spiel noch ein paarmal wiederholt werden.

Bevor das Spiel beginnt, können Sie den Kindern das Foto zeigen und ihnen berichten, was hinter dieser beeindruckende Choreografie der Natur steckt. Im Schwarm sind nämlich die einzelnen Fische, die nur einen minimalen Abstand voneinander halten, nicht so isoliert und somit auch besser vor Raubfischen geschützt. Es liegt also auf der Hand, dass die Fische so eine viel höhere Überlebenschance haben.

Ameisen und Blattläuse

Alter: ab 6 Jahren

Material: 1 Triangel; evtl. 4 Markierungskegel

Zeitaufwand: 5–6 Minuten

Spielverlauf:

Bis auf drei bis vier Kinder bilden alle Paare, die Pflanzenblätter aufsammeln und sich auf einem überschaubaren Spielfeld verteilen, das Sie mithilfe von vier Markierungskegeln kennzeichnen können.

Jedes Paar sucht sich einen Platz im Spielfeld aus und bildet einen Kreis aus Pflanzenblättern. Ein Kind kniet sich in den Innenkreis und spielt eine Blattlaus. Das Partnerkind stellt eine Ameise dar und stellt sich schützend vor die Blattlaus bzw. das Kind im Innenkreis. Alle übrigen Kinder spielen Marienkäfer und laufen zwischen den Paaren herum. Dabei machen sie mit ihren Armen Flügelbewegungen. Das geht jedoch nur so lange, bis Sie die Triangel erklingen lassen. Daraufhin versuchen die Marienkäfer, an die Blattläuse bzw. Kinder im Innenkreis heranzukommen. Das jedoch wollen die Ameisen bzw. Kinder im Außenkreis mit aller Kraft verhindern, indem sie mit weit ausgebreiteten Armen versuchen, die Eindringlinge abzuwehren. Dabei dürfen sie sich jedoch nur um den Kreis herumbewegen. Wurde jedoch eine „Blattlaus" von einem „Marienkäfer" berührt, dann tauschen beide ihre Rollen.

Auf diese Weise kann das Spiel beliebig lange fortgesetzt werden.

Erklären Sie den Kindern, dass Ameisen gerne den süßen sogenannten Honigtau als Nahrung von den Blattläusen nehmen und sie deshalb hegen und pflegen. Sie bekämpfen rigoros die Marienkäfer, die zu den natürlichen Fressfeinden der Blattläuse gehören. Ameisen leben also wegen des Honigtaus in einer etwas seltsamen Symbiose mit den Blattläusen. Unabhängig davon, sind Marienkäfer geradezu ideal, um Pflanzen gegen Blattläuse zu schützen.

Ameisen Teamarbeit

Alter: ab 5 Jahren

Material: 1 langer Ast o. Ä.

Zeitaufwand: 3–5 Minuten

Spielverlauf:

Die Kinder spielen Ameisen und suchen sich im Wald einen langen Ast, den sie gemeinsam von A nach B transportieren können.

Wurde ein solcher Ast im Wald gefunden, stellen sie sich um den Ast herum. Miteinander sollen sie nun überlegen, wie sie den Ast z. B. zu einem bestimmten Baum, auf den Sie deuten, transportieren können. So ähnlich wie bei den Ameisen, soll sich nun jedes Kind am Transport des schweren Gegenstands beteiligen. Die Kinder dürfen sich untereinander darüber austauschen, wie sie das am besten bewerkstelligen können. Dabei können sie auch ein Stoppzeichen vereinbaren, falls eines von ihnen nicht mehr dazu in der Lage ist, den Ast zu tragen oder einfach Hilfe braucht.

Mithilfe der Praxisidee soll den Kindern bewusst gemacht werden, dass Ameisen immer in Gruppen eine Vielzahl von Aufgaben leisten. Das betrifft nicht nur den Transport von Pflanzen und anderen Gegenständen, sondern auch die Nahrungssuche und den Nestbau. Obwohl ihre Arbeit so unscheinbar klein wirkt, leisten sie oftmals mehr als viele andere Tiere.

Der Bienenstaat

Alter: ab 6 Jahren

Material: –

Zeitaufwand: 5–6 Minuten

Spielverlauf:

Die Kinder bilden einen Kreis.

Zu Beginn zeigen Sie den Kindern das Foto von S. 63, bei dem Sie auf die Arbeitsteilung im Bienenstaat hinweisen. Dabei haben die Arbeiterinnen am meisten zu tun. Was das alles konkret sein kann, sollen die Kinder nun herausfinden:

Drei bis vier Kinder, die gerne möchten, treten in den Innenkreis. Flüstern Sie den betreffenden Kindern eine Aufgabe ins Ohr, die die Arbeiterinnen übernehmen. Die Kinder im Innenkreis tun dann so, als ob sie das, was sie gehört haben, machen würden. Wurde das Rätsel von den anderen Kindern im Kreis gelöst, tauschen die Kinder im Innenkreis mit jeweils einem anderen Kind im Kreis den Platz, sodass das Spiel genauso mit einer neuen Tätigkeit fortgesetzt werden kann.

Beispiele:

- Pflege und Fütterung der Königin und der Brut
- Bienenwaben bauen
- Eingang des Bienenstocks vor fremden Bienen oder Eindringliche schützen
- Pollen, Nektar, Harz und Wasser sammeln und zum Bienenstock bringen
- Wintervorrat in Form von Honig anlegen

Erklären Sie den Kindern zunächst, dass der Staat der Bienen im Bienenstock aus Arbeiterinnen, Drohnen und der Königin besteht. Die Königin ist das Oberhaupt und ist für den Zusammenhalt des Stocks verantwortlich. Die Drohnen befruchten die Königin. Die zahlreichen Arbeiterinnen erledigen alle übrigen Tätigkeiten im Stock, die sich die Kinder mithilfe dieser Praxisidee gegenseitig pantomimisch vorstellen dürfen.

Schlangenalarm

Alter: ab 5 Jahren

Material: 1 langer abgesägter Baumstamm, 1 Handtrommel, 2–3 Decken, 1 Stoppuhr oder Uhr mit Sekundenzeiger

Zeitaufwand: 1–2 Minuten

Spielverlauf:
Alle Kinder bis auf eines bilden einen Sitzkreis vor einem abgesägten langen Baumstamm und spielen Erdmännchen. Währenddessen breiten sie außerhalb des Kreises zwei bis drei Decken aus. Das einzelne Kind holt sich eine Handtrommel, stellt sich auf den Baumstamm und spielt ein Erdmännchen, das Ausschau nach seinen natürlichen Feinden, wie z. B. Greifvögeln, Wildkatzen und Schlangen hält. Sobald jedoch das Kind einen kräftigen Trommelwirbel macht, sucht die Kolonie Zuflucht im Bau bzw. auf den Decken. Wie lange wird es wohl dauern, bis sich alle „Erdmännchen" und somit auch das Kind auf dem Baumstamm in Sicherheit gebracht haben?
In der nächsten Spielrunde darf ein anderes Kind auf dem Baumstamm Wache halten und Alarm geben, sobald es glaubt, eine „Schlange" oder einen anderen natürlichen Feind zu sehen.
Dabei soll die Kolonie bzw. die Kinder noch schneller agieren und sich in den Bau bzw. auf die Decken begeben.

Machen Sie den Kindern bewusst, dass der Wachposten, sobald er z. B. einen Falken oder eine Schlange sieht, Alarmrufe ausstößt. Das ist das akustische Zeichen für die Kolonie, sich sofort in Sicherheit zu bringen. Die Erdmännchen leben übrigens in trockenen Regionen im südlichen Afrika.

Das Heulen der Wölfe

Alter: ab 6 Jahren

Material: evtl. 4 Markierungskegel

Zeitaufwand: 5–6 Minuten

Spielverlauf:

Drei bis vier Kinder spielen Rehe und versammeln sich in einem überschaubaren Spielfeld, das Sie mithilfe von vier Markierungskegeln kennzeichnen können. Die übrigen Kinder, die in der Überzahl sein sollten, stellen Wölfe dar und verteilen sich am Spielfeldrand.

Während nun die Rehe bzw. Kinder sich kreuz und quer auf dem Spielfeld bewegen, fängt ein Wolf bzw. Kind, auf das Sie außerhalb des Spielfelds deuten, laut zu heulen an. Die übrigen Wölfe erwidern das Heulen, bevor sie so wie der erste „Wolf" in Richtung Spielfeld laufen, um sich dann gemeinsam die Rehe zu schnappen. Die Rehe wiederum versuchen, so schnell wie möglich außerhalb des Spielfelds zu gelangen, was jedoch aufgrund der vielen Wölfe, die gemeinsam Beute machen möchten, gar nicht so einfach ist.

Am Ende tauschen die Beutetiere bzw. die betreffenden Kinder mit jeweils einem anderen Kind die Rolle, um das Fangspiel zu wiederholen.

Wölfe sind Raubtiere, die sich gegenseitig brauchen. Sie jagen Tiere, wie z. B. Rehe und Elche. Das Heulen des Wolfes dient der Kommunikation, signalisiert Gemeinschaftssinn und schafft Zusammenhalt innerhalb des Rudels.
Ziel ist es, den Kindern durch die Praxisidee zu verdeutlichen, dass man gemeinsam vieles leichter erreichen kann.

Fleißige Honigbienen

Alter: ab 5 Jahren

Material: kleine Pflanzenblätter, 1 Stoppuhr oder Uhr mit Sekundenzeiger

Zeitaufwand: 3–5 Minuten

Spielverlauf:

Die Kinder sammeln kleine Pflanzenblätter vom Boden, die sie auf den Wiesenblumen verteilen, die sich jedoch nicht zu weit voneinander entfernt befinden sollten. Jedes Pflanzenblatt stellt den mehr oder weniger verborgenen Blütennektar dar, der viel Wasser und verschiedene Zuckerarten enthält.

Die Kinder bilden nun drei gleich große Teams, die unter sich jeweils ein Kind auswählen, das nachher den Blütennektar am Bienenstock in Empfang nehmen darf. Die ausgewählten Kinder stellen sich dann in einer Reihe mit genügend Abstand zueinander auf.

Sobald Sie nun „Auf den Blütennektar, los!" rufen, laufen alle Sammlerbienen bzw. übrigen Kinder los, um möglichst viel Blütennektar zu sammeln. Dabei darf jedoch immer nur ein Pflanzenblatt, das auf einem Blütenkopf liegt, zum Stock bzw. zu dem dafür aus ihrem Team zuständigen Kind gebracht werden.

Das geht so lange, bis Sie „Stopp! Wo ist der meiste Honig?" rufen. Dasjenige Team, das die größte Anzahl an Pflanzenblätter sammeln konnte, gewinnt das Spiel.

Die Honigherstellung ist ohne perfekte Gemeinschaftsarbeit nicht möglich. Neben dem Blütennektar können Bienen auch aus dem Honigtau Honig produzieren, den sie als haltbaren Energievorrat für die kalte Jahreszeit brauchen.

Was machen die Bienen im Winter?

Alter: ab 6 Jahren

Material: 1 Stoppuhr oder Uhr mit Sekundenzeiger: evtl. 4 Markierungskegel

Zeitaufwand: 3–5 Minuten

Spielverlauf:
Zu Beginn suchen Sie ein übersichtliches Spielfeld aus, das Sie mithilfe von vier Markierungskegeln kennzeichnen können. Die Kinder bilden zwei unterschiedlich große Gruppen.
Danach laufen alle Kinder einzeln auf dem Spielfeld herum und spielen Bienen. Dabei machen sie mit ihren Armen Flügelbewegungen. Das geht jedoch nur so lange bis Sie Folgendes sagen:

„Was machen die Bienen im Winter?“

Daraufhin sollen die Kinder aus der kleineren Gruppe blitzschnell einen engen Kreis bilden und sich auf den Boden knien. Die übrigen Kinder bilden einen weiteren Kreis bzw. Außenkreis um die anderen herum und machen mit ihren Armen leichte Flügelbewegungen, die das Muskelzittern zur Wärmegewinnung darstellen.
Stoppen Sie die Zeit, sobald alle Kinder ihre Aufgabe erledigt haben.
In der zweiten Spielrunde wiederholen alle noch einmal das Spiel mit dem ehrgeizigen Ziel, die Aufgabe noch schneller zu erfüllen.

Erklären Sie den Kindern mithilfe des Fotos, wie die Bienen in der kalten Jahreszeit eine Kugel bilden, die als Wintertraube bezeichnet wird. Auf diese Weise können sie sich und die Brut wärmen. Dabei wird die Wärme durch Muskelzittern erzeugt, was eine enorme Kraftanstrengung bedeutet. Aus diesem Grund lösen die Bienen im Inneren ihre Artgenossen immer wieder ab. Durch die Teamarbeit stellen sie so auch sicher, dass die Königin im Zentrum optimale Überlebensbedingungen hat.

Vogelschwarm

Alter: ab 5 Jahren

Material: 1 Triangel; evtl. 4 Markierungskegel

Zeitaufwand: 5–6 Minuten

Spielverlauf:

Die Kinder spielen Vögel und verteilen sich auf einem übersichtlichen Spielfeld, das Sie mithilfe von vier Markierungskegeln kennzeichnen können.

Während die Kinder mit ihren Armen Flügelbewegungen machen und dabei kreuz und quer auf dem Spielfeld herum laufen, erzählen Sie den Kindern, dass die bunten Blätter von den Bäumen fallen und es ist mittlerweile draußen auch sehr windig und kalt geworden ist. Es ist Herbst und für die Zugvögel wird es nun höchste Zeit, ihre Reise in den Süden anzutreten.

Lassen Sie nun die Triangel erklingen. Daraufhin dürfen sich alle Kinder rasch zusammenfinden und gemeinsam weiterfliegen bzw. miteinander weiterlaufen.

Wie lange wird es wohl dauern, bis alle Kinder einen Vogelschwarm bzw. eine Gruppe bilden und zusammen durch das Spielfeld laufen? Stoppen Sie die Zeit, sobald das gelungen ist.

Nach einer Weile fängt jedoch eine neue Spielrunde an, bei der die Kinder nach Möglichkeit noch schneller einen Vogelschwarm bilden sollen.

Während Sie den Kindern das Foto zeigen, können Sie ihnen erzählen, dass sich Zugvögel, wie z. B. Gänse, Kraniche, Finken, Kiebitze oder Stare, vor dem Wintereinbruch sammeln, um gemeinsam ihre lange Reise in die wärmeren südlichen Regionen anzutreten. Sie bilden Vogelschwärme, um z. B. die langen Flugstrecken energieeffizient zu bewältigen, leichter Nahrung zu finden und sich besser vor Fressfeinden zu schützen.

Zusammen Schafe hüten

Alter: ab 5 Jahren

Material: evtl. 4 Markierungskegel

Zeitaufwand: 3–5 Minuten

Spielverlauf:
Eines der Kinder spielt den Schäfer oder die Schäferin und ein anderes den Schäferhund. Die übrigen Kinder sind die Schafe, die sich auf einem überschaubaren Spielfeld verteilen, das Sie mithilfe von vier Markierungskegeln sichtbar machen können.
Auf Ihr Kommando krabbeln nun die betreffenden Kinder als Schafherde auf allen vieren los. Dabei können sich einzelne Kinder, die Sie aufrufen, von der Herde entfernen. Die Aufgabe der beiden übrigen Kinder besteht nun darin, entweder in der Rolle als Schäfer oder Schäferin zu Fuß oder als Schäferhund auf allen vieren die Ausreißer*innen möglichst schnell wieder einzufangen bzw. zur Herde zurückzubringen.
Nach einer Weile darf dann ein anderes 2er-Team auf die „Schafherde" aufpassen.

Zeigen Sie den Kindern das Foto, um ihnen bewusst zu machen, wie anstrengend es sein kann, bei Wind und Wetter so viele Schafe zu hüten. Umso wichtiger ist es dann, dass Mensch und Hund ein eingespieltes Team sind und somit auch voller Freude zusammenarbeiten.

Tausendfüßler-Waldlauf

Miteinander im Team in Bewegung kommen, Hindernisse überwinden, Zapfen werfen und Kräfte messen

Miteinander einen Stock-Staffellauf durchführen oder einfach zu zweit von einem Baum zum anderen zu hüpfen sind Beispiele dafür, wie Sie bereits jüngere Kinder ohne viel Zutun in der Natur beschäftigen, teamfähig, fit und munter machen können. Die einfachen Aufgaben und Spielregeln machen das Mitspielen geradezu leicht und tragen dazu bei, dass selbst motorisch nicht ganz so geschickte Kinder gut mithalten und sich somit relativ schnell gerade auch für solche Teamspiele begeistern können.
Bei den nachfolgenden Teamspielen können Sie selbst oder einfach mithilfe eines Spiels zur Teamfindung rasch zwei oder drei gleich große Teams bilden. Bei manchen Praxisideen können natürlich auch alle Kinder im Team zusammenarbeiten und gegen die Zeit spielen.
Unabhängig davon dürfen die Kinder sich nun gegenseitig in Aktion erleben, verschiedene Teamaufgaben lösen und dabei auch die Natur aus erster Hand entdecken und erleben. Insgesamt werden so auch ohne viel Zutun der Teamgeist, die Bewegungsfreude, die Augen-Hand-Koordination und der Gleichgewichtssinn gefördert sowie ein gutes Körperschema aufgebaut.

„Wer nichts waget, der darf nichts hoffen."

Friedrich Schiller (1759–1805), deutscher Dichter, Philosoph, Historiker und Arzt

Blitzschnell in Richtung Baum

Alter: ab 6 Jahren

Material: 2 Bäume, die nicht zu weit voneinander entfernt stehen, 1 Handtrommel

Zeitaufwand: 3–5 Minuten

Spielverlauf:

Zu Beginn suchen Sie sich gemeinsam mit den Kindern zwei Bäume aus, die nicht zu weit voneinander entfernt stehen.

Zum Rhythmus des Trommelspiels, das durch Sie erfolgt, laufen alle Kinder zwischen den zwei ausgewählten Bäume hin und her. Das geht so lange, bis Sie aufhören zu trommeln. Daraufhin sucht sich jedes Kind einen der beiden Bäume aus. Je nachdem, wie viele Kinder an einem Baum stehen, dürfen diejenigen Kinder, die nicht so viele Kinder in der Gruppe haben, sich Kinder von der anderen Gruppe herbeiwünschen. Erst wenn bei jedem Baum die gleiche Anzahl an Kindern steht und somit zwei gleich starke Teams gebildet wurden, rufen Sie laut:

„Wechselt hüpfend die Bäume, fertig, los!“

Dasjenige Team, das am schnellsten zum anderen Baum mit geschlossenen Beinen hüpft und den Baum dann mit den beiden Händen berührt, hat die Spielrunde gewonnen.

Auf diese Weise finden noch ein paar Durchgänge statt, bei der die Teams dann auch auf Ihre Anweisung hin z. B. auf einem Bein hüpfen, rückwärts gehen oder auf Zehenspitzen gehen dürfen.

Bäume anfassen, streicheln oder umarmen tut gut und gibt Kraft, Geborgenheit und Halt. Zudem können Bäume auch für Bewegungsspiele verwendet werden, die mit einem starken Team gleich doppelt so viel Freude bereiten.

Lustiger Stock-Staffellauf

Alter: ab 6 Jahren

Material: für die Hälfte der Gruppe jeweils ein Pflanzenblatt und für die andere Hälfte der Gruppe jeweils einen Kieselstein, 2 kleine Stöcke

Zeitaufwand: 3–5 Minuten

Spielverlauf:

Die Hälfte der Kinder sammelt jeweils ein Pflanzenblatt vom Boden auf und alle übrigen jeweils einen kleinen Stein. Danach bilden alle einen Kreis.

Auf Ihr Kommando geben die Kinder die Sachen nun von Hand zu Hand im Uhrzeigersinn so lange herum, bis Sie „Stopp!" rufen. Daraufhin bilden diejenigen Kinder ein Team, die ein Pflanzenblatt in den Händen halten.

Die Kinder, die gerade einen Stein besitzen, bilden ein weiteres Team.

Danach legen alle ihre Naturmaterialien beiseite. Die beiden Teams bilden jeweils eine Reihe, die sich parallel zueinander befinden. Die zwei vorderen Kinder erhalten von Ihnen jeweils einen ca. 25 cm langen Stock.

Auf los geht's los! Die Kinder reichen nun die Stöcke von vorne nach ganz hinten, von der linken Hand zur linken. Das Kind ganz hinten nimmt jeweils den Stock und läuft nach vorne, den dann das dort an der Spitze stehende Kind im Empfang nimmt. Das Spiel ist erst beendet, wenn ein Team wieder so wie am Anfang steht. Welchem Team wird das wohl am schnellsten gelingen?

Bei einem Staffelspiel bzw. einer Stafette müssen die Kinder die gestellte Aufgabe hintereinander lösen, um zu gewinnen. Dabei können auch Naturgegenstände eingesetzt werden. Unabhängig davon, stärken Staffelspiele den Zusammenhalt, den Teamgeist und das Zugehörigkeitsgefühl.
Und wenn man dann noch ein Spiel gemeinsam gewinnt, ist die Freude riesengroß!

Zapfenwerfen

Alter: ab 6 Jahren

Material: für jedes zweite Kind jeweils 1 Zapfen, 1 Stoppuhr oder Uhr mit Sekundenzeiger

Zeitaufwand: 5–6 Minuten

Spielverlauf:
Die Kinder bilden einen Kreis.
Jedes zweite Kind, das Sie aufrufen, sucht sich einen Zapfen und bildet zusammen mit den anderen Kindern ein Team.
Die übrigen Kinder bilden ebenfalls ein Team und stellen sich hintereinander auf.
Das erste Team stellt sich mit seinen Zapfen in einer Linie direkt neben dem ersten Kind aus dem zweiten Team auf.
Sobald jedoch das erste Kind in der Reihe soweit wie möglich seinen Zapfen nach vorne geworfen hat, läuft das vorderste Kind aus dem zweiten Team los, um den Zapfen zu holen. Danach läuft es mit dem Zapfen in der Hand in Richtung seines Teams, um sich hinten anzustellen. Anschließend wirft das nächste Kind in der Reihe seinen Zapfen soweit wie möglich nach vorne.
Auf diese Weise geht's immer weiter, bis alle Kinder aus dem zweitem Team die Zapfen in den Händen halten. In diesem Moment stoppen Sie die Zeit.
Im Anschluss daran fängt alles von vorne an, jedoch darf nun das zweite Team die Zapfen der Reihe nach nach vorne werfen, welche sich die Kinder aus dem ersten Team nacheinander holen. Am Ende stoppen Sie wieder die Zeit. Dasjenige Team, das die Aufgabe am schnellsten erledigen konnte, gewinnt das Spiel.

Zapfenwerfen macht Spaß! Sobald die Kinder das Zapfenwerfen geübt haben, können sie die Praxisidee durchführen und somit zwei gleich große Teams bilden, die gegeneinander antreten. Auf diese Weise wird der Team- und Kampfgeist gestärkt. Darüber hinaus kommen die Kinder an der frischen Luft in Bewegung.

Zufluchtsbäume

Alter: ab 6 Jahren

Material: 2–3 Bäume, 1 Stoppuhr oder Uhr mit Sekundenzeiger; evtl. 4 Markierungskegel

Zeitaufwand: 5–6 Minuten

Spielverlauf:
Zunächst wählen Sie ein Spielfeld aus, auf dem zwei bis drei Bäume stehen und das Sie mit vier Markierungskegeln kennzeichnen können.
Alle Kinder bis auf zwei laufen nun auf dem Spielfeld herum. Die beiden übrigen Kinder laufen auf Ihr Startkommando hin in Richtung Spielfeld, um die anderen Kinder zu fangen. Die Kinder können sich jedoch in Sicherheit bringen, indem sie zu einem der drei Bäume laufen, den sie dann umarmen. Ist die Gefahr vorbei, laufen sie einfach weiter. Sobald jedoch ein Kind gefangen wurde, gibt es dem Kind, das ihn gefangen hat, die Hand und bildet mit ihm ein 2er-Team, um ein weiteres Kind zu fangen.
Das Spiel ist beendet, sobald alle Kinder sich in einem der beiden Teams befinden oder die Spielzeit nach fünf Minuten abgelaufen ist. Dasjenige Team, das die größte Anzahl an Teammitgliedern hat, gewinnt das Spiel.

Ein Team kann genauso wie ein Baum größer und stärker werden, indem neue Teammitglieder dazu kommen. Erklären Sie den Kindern, dass alles seine Zeit braucht, um auch als Team wachsen und gut zusammenarbeiten zu können.

Tausendfüßler-Waldlauf

Alter: ab 5 Jahren

Material: Weg mit Hindernissen

Zeitaufwand: 5–6 Minuten

Spielverlauf:

Das „Tausendfüßler-Spiel“ bietet sich hervorragend im Wald an.
Die Kinder bilden hinter Ihnen eine lange Schlange und halten sich gegenseitig an den Schultern fest. Die Kinder stellen nun einen Tausendfüßler dar, den Sie im wahrsten Sinne des Wortes an die Hand nehmen und somit anführen.
Miteinander geht's dann auf Streifzug. Dabei sollen die Kinder zusammen auch Hindernisse, wie z. B. Wurzeln, umgestürzte Bäume und auf dem Boden liegengebliebene Äste überwinden und zwar, ohne dass sie sich gegenseitig loslassen.
Das Spiel ist beendet, sobald ein Kind ein anderes nicht mehr festhält oder Sie gemeinsam mit den Kindern wieder am Ausgangsort angekommen sind.

Hinweis:

Geübtere und ältere Kinder können das Spiel auch mit geschlossenen Augen auf einem ausgeschilderten Waldweg durchführen, der in der Regel nicht ganz so viele Hinternisse auf dem Boden bereithält.

Zu Beginn können Sie den Kindern das Foto zeigen, bei der die Raupe genauso wie sie nun als Team so manches Hindernis im Wald überwinden darf. Die Kinder sollen Rücksicht aufeinander nehmen, im Team agieren lernen und dabei auch jede Menge Spaß haben.

Zu zweit ruckzuck fit

Alter: ab 5 Jahren

Material: –

Zeitaufwand: 5–6 Minuten

Spielverlauf:
Die Hälfte der Gruppe bildet einen Kreis und die andere stellt sich in die Kreismitte und schließt die Augen. Auf Ihr Kommando geht jedes Kind im Innenkreis auf ein anderes Kind zu, das auf der Kreisbahn steht. Nach dem Zufallsprinzip werden also 2er-Teams gebildet.
Die Paare laufen nun Hand in Hand gemeinsam mit Ihnen auf dem Waldweg entlang. Nach einer Weile halten sie auf Ihre Anweisung hin an, um genauso z. B. über Äste, die auf dem Boden liegen, zu springen. Danach laufen alle wieder Hand in Hand so lange weiter, bis der nächste „Stopp!" Ihrerseits kommt und die Paare wieder eine Aufgabe zusammen meistern dürfen. Auf diese Weise finden noch ein paar Aufgaben statt, die die 2er-Teams alle sozusagen Hand in Hand erledigen dürfen.

Weitere Beispiele:

Zu zweit Hand in Hand ...
- über einen Baumstamm klettern
- rückwärts um einen Baum herum gehen
- nach einem Pflanzenblatt greifen
- sich auf einen Baumstumpf stellen

Nachdem die Kinder zu zweit die Praxisideen durchgeführt haben, können Sie den Kindern das Foto zeigen. Erklären Sie den Kindern, dass es manchmal auch im Wald einen Trimm-dich-Pfad bzw. Rundkurs gibt. Dabei handelt es sich um eine drei bis vier Kilometer langen Strecke mit etwa 15 bis 20 Übungsstationen. Eine gute Möglichkeit nicht nur für Sportmannschaften, um fit, gesund und munter zu bleiben. Vielleicht fallen den Kindern hierzu auch noch ein paar Gymnastikübungen ein, wie z. B. Armkreisen oder Kniebeugen, die sie dann entweder alleine oder zu zweit den anderen vorstellen können.

Bergsteiger-Team

Alter: ab 5 Jahren

Material: 1 Stoppuhr oder Uhr mit Sekundenzeiger

Zeitaufwand: 3–5 Minuten

Spielverlauf:
Die Spielleitung geht mit den Kindern im Wald spazieren, bis sie vor einem steil ansteigenden Waldhang stehen. Die Kinder stellen sich ganz nach Belieben der Reihe nach auf und geben sich schließlich gegenseitig die Hände.
Auf los geht's dann los! Die Kinder sollen nun so schnell wie möglich als Team den Berg erklimmen bzw. den Waldhang so lange hinauflaufen, bis sie oben angekommen sind. Die Spielleitung stoppt die Zeit und rechnet immer dann, wenn ein Kind ein anderes unterwegs loslassen sollte, eine Sekunde zur Endzeit dazu.
Danach gehen alle Kinder wieder so lange gemütlich weiter, bis der nächste steil ansteigende Waldhang kommt, den die Kinder als Bergersteiger-Team so wie beim letzten Mal Hand in Hand hinauflaufen dürfen. Dabei haben sie das ehrgeizige Ziel, noch schneller als beim letzten Mal zu sein. Je nachdem, wie lang und steil der Waldhang nun ist, kann das unter Umständen ganz viel Kraft und Ausdauer kosten. Unabhängig davon, stoppt die Spielleitung wieder die Zeit, sobald alle Kinder oben am Waldhang angekommen sind.
Auf diese Weise können die Kinder noch den einen oder anderen Waldhang Hand in Hand hinauflaufen.

Bei dieser Praxisidee werden nicht nur die Bewegungsfreude, die Aufmerksamkeit und der Gleichgewichtssinn in der freien Natur gefördert, sondern auch der Teamgeist gestärkt. Denn nur wenn alle ganz bei der Sache sind, können sie letztendlich auch gemeinsam als Team so manchen steinigen Weg im wahrsten Sinne des Wortes meistern.

Schnelle Schnitzeljagd

Alter: ab 6 Jahren

Material: –

Zeitaufwand: 1–3 Minuten

Spielverlauf:

Für die Schnitzeljagd sollten Sie eine Route im Wald auswählen, welche die Kinder nicht überfordert und zu einem Wiesenstück führen kann. Die Rätsel und Aufgaben beschäftigen sich mit den Tieren und Pflanzen, die es im Wald und auf der Wiese gibt. Die Kinder dürfen nun joggend die Schnitzeljagd gemeinsam mit Ihnen im Wald durchführen. Dabei laufen die Kinder so lange hinter Ihnen her, bis Sie stehenbleiben, um den Kindern eine Aufgabe zu geben, die sich besonders gut im Team meistern lässt.

Beispiele:

- **Pflanzenmuster:** Jedes Kind sucht sich ein Pflanzenblatt, um mit den anderen auf dem Boden ein Muster aus Pflanzenblättern zu legen.
- **Auf dem Baumstamm**: Die Kinder steigen zusammen auf einen auf dem Boden liegenden langen Baumstamm, um von dort aus Fragen rund um den Baum zu beantworten. Beispiel: Welche Tiere halten sich im Wald auf? Antwort: Insekten, Käfer, Eichhörnchen, Vögel, ...
- **Eine Raupe frisst sich durch ein Blatt:** Alle Kinder stellen sich hintereinander auf. Danach knien sich alle auf den Boden und umfassen den Knöchel des vorderen Kindes. Auf diese Weise krabbelt die „Raupe" in die Richtung eines Pflanzenblatts, auf das Sie zeigen.
- **Baumkrone betrachten:** Alle gehen Hand in Hand um einen Baum herum und blicken dabei in Richtung Baumkrone.
- **Brennholz aus dem Wald holen:** Die Kinder suchen zu zweit ein Stück abgefallene Baumrinde oder dergleichen. Während sich nun ein Kind auf den Boden kniet, umfasst das andere dessen Fußknöchel. Die Beine sind nun die Griffe der Schubkarre und die Hände stellen die Räder dar. Auf der Schubkarre bzw. den Rücken platziert das Kind nun das Stück Baumrinde, welches das Brennholz darstellt. Auf diese Weise bewegen sich die Paare zwei bis drei Meter fort.

Eine Schnitzeljagd, bei der Kinder als Team die Aufgaben meistern, bietet sich hervorragend im Wald und auf der Wiese an. Dort finden sie nämlich nicht nur jede Menge vielseitig verwendbare Naturmaterialien, sondern auch viele Möglichkeiten, um zusammen die Natur besser kennenzulernen und sich so ganz nebenbei auch fit und munter zu halten.

Die hungrige Raupe

Alter: ab 5 Jahren

Material: auf dem Boden liegende Pflanzenblätter

Zeitaufwand: 5–6 Minuten

Spielverlauf:
Alle Kinder spielen eine Raupe, indem sie sich hintereinander aufstellen und sich gegenseitig am Bauch festhalten. Auf diese Weise überqueren sie auch verschiedene Hindernisse, die sich ihnen in den Weg stellen. Das können z. B. Baumwurzeln und auf dem Boden liegende Äste sein. Das geht jedoch nur so lange, bis Sie einmal kräftig trommeln und „Die Raupe hat Hunger!" rufen. Daraufhin soll das vorderste Kind in der Reihe sich ein auf dem Boden liegendes Pflanzenblatt suchen. Die übrigen Kinder dürfen sich jedoch nicht gegenseitig loslassen. Konnten die Kinder als Team die Aufgabe gut meistern?
Unabhängig davon, darf das letzte Kind in der Reihe nach vorne treten, um in den nächsten Spielrunde den Raupenkopf darzustellen.
Auf diese Weise geht's immer weiter, bis alle Kinder irgendwann einmal ganz vorne stehen konnten.

Kinder haben große Freude daran, gemeinsam ein Tier darzustellen, so wie die hier abgebildete Raupe. Viel mehr Spaß haben die Kinder jedoch dabei, wenn damit eine dazu passende Teamaufgabe im Wald, auf der Wiese oder einfach im Garten verbunden ist.

Zapfen Weitwurf zu zweit

Alter: ab 6 Jahren

Material: für jedes zweite Kind einen Zapfen, ein paar Kieselsteine oder andere kleine Naturmaterialien

Zeitaufwand: 2–3 Minuten

Spielverlauf:

Die Kinder bilden nach Herzenslust Paare und suchen sich immer zu zweit jeweils einen Zapfen.

Danach suchen sich immer zwei bis drei Paare einen großen Baum aus und stellen sich ca. drei Meter vom Baum entfernt auf. Die Paare halten sich an den Händen fest. Die Aufgabe der 2er-Teams besteht darin, ihre Zapfen gemeinsam in Richtung Baum zu werfen und zwar, ohne dass sie sich gegenseitig loslassen. Dasjenige Paar, dem das gelingt, darf sich einen Kieselstein oder ein anderes kleines Naturmaterial, das sich in seiner unmittelbaren Nähe befindet, in die Hosentasche stecken. Danach beginnt eine neue Wurfrunde, bei der immer zwei Kinder gemeinsam agieren und letztendlich das Ziel verfolgen, ihren Zapfen gegen den Baum zu werfen.

Auf diese Weise finden noch ein paar Spielrunden statt.

Am Ende gewinnen die Paare, die die größte Anzahl an kleinen Schätzen sammeln konnten.

Zu zweit im wahrsten Sinne des Wortes ein gemeinsames Ziel vor Augen zu haben, schweißt zusammen und fördert die Teamarbeit. In der freien Natur gibt es viele Möglichkeiten, die insbesondere Hand in Hand jede Menge Spaß machen und enorm den Teamgeist fördern.

Im Rhythmus der Jahreszeiten

Mit Musik, Spiel und Tanz sich im Team auf die Natur einlassen

Ein Team lässt sich mit einem Orchester vergleichen. Ein Orchester hat einen Dirigenten, der allen sagt, was zu beachten ist. Er gibt aber auch das Tempo vor und weist auf Fehler hin. Zudem bedarf es einiger Proben mit dem richtigen Handwerkszeug bzw. Instrumenten im Gepäck, damit es letztendlich zu einem harmonischen Zusammenspiel und für alle zu einem Hörgenuss kommen kann.
In der Kita wird natürlich auch gerne gemeinsam musiziert, gesungen und getanzt. Dabei kommen Rhythmusinstrumente oder der eigene Körper als Instrument zum Einsatz. Höchst interessant und spannend zugleich ist das Zusammenspiel gerade auch durch den Einsatz von vielfältig einsetzbaren Naturgegenständen, die die Kinder draußen sammeln können.
In diesem Kapitel sind nun schöne Praxisideen zusammengestellt, bei denen die Kinder z. B. kleinere und größere Orchester bilden, um miteinander auf kreative Weise zu musizieren. Neben Bäumen und Baumstümpfen, können auch kleinere Naturmaterialien, wie z. B. Stöcke und Steine verwendet werden. Darüber hinaus dürfen die Kinder auch zusammen singen und tanzen und dabei so ganz nebenbei die vier Jahreszeiten entdecken und erleben.

„Ohne Musik wär' alles nichts."

Wolfgang Amadeus Mozart (1756–1791), geboren in Salzburg, Musiker und Komponist der Wiener Klassik

Baum Kanon

Alter: ab 6 Jahren

Material: für jedes Kind 1 Stein und 1 dicker ca. 25 cm langer Stock, 1 Handtrommel

Zeitaufwand: 3–5 Minuten

Spielverlauf:
Zu Beginn suchen sich alle Kinder jeweils einen Stein und einen kleinen dicken Stock auf dem Boden. Sie bilden zwei bis drei Kleingruppen, die nach Möglichkeit die gleiche Anzahl an Kindern haben. Die Kleingruppen bilden nicht so weit voneinander entfernt jeweils einen Kreis. Jedes Kind legt seinen Stein direkt vor sich auf den Boden und nimmt den Stock in die Hand. Danach knien sie sich auf den Boden und singen alle zusammen das historische Volkslied „Hejo, spann den Wagen an", das ungefähr Anfang des 17. Jahrhunderts entstand:

„Hejo, spann den Wagen an.
Sieh der Wind treibt Regen übers Land.
Hol die gold'nen Garben, hol die gold'nen Garben."

Dabei schlagen sie im Takt zur Melodie mit ihren Stöcken auf ihre Steine. Beherrschen die Kinder den Text, dann legen Sie die Reihenfolge der Stimmen fest. Welches Team darf anfangen? Und an welcher Textstelle setzt das nächste und gegebenenfalls das übernächste Team ein? Wissen die Kinder Bescheid, singen sie das Lied als Kanon. Dabei schlagen sie wieder im Takt zur Melodie mit ihrem Stock auf ihre Steine.

Die Kinder können insbesondere im Wald jede Menge Stöcke, Steine oder andere kleine Naturmaterialien finden, die sich auch für diverse Musikspiele eignen. Indem die Kinder singen und dann auch noch miteinander musizieren, entsteht ohne viel Zutun ein Zugehörigkeits- und Gemeinschaftsgefühl, das auch ausschlaggebend für eine erfolgreiche Teamarbeit ist.

Als Team im selben Takt

Alter: ab 5 Jahren

Material: für jedes Kind zwei ca. 20 cm lange Stöcke, 1 Handtrommel

Zeitaufwand: 3–5 Minuten

Spielverlauf:
Jedes Kind sucht sich zwei Stöcke und bildet mit den anderen einen Kreis.
Danach trommeln Sie einen einfachen Rhythmus vor, den ein anderes Kind, das gerne möchte, mithilfe seiner beiden Klangstäbe bzw. Stöcke begleitet.
Dabei geht es in Richtung Innenkreis und von dort aus direkt auf ein anderes Kind zu. Während nun das ausgewählte Kind ebenfalls den Rhythmus mithilfe seiner beiden Stöcke begleitet, tauschen beide ihre Plätze. Das erste Kind macht im Takt weiter und kniet sich auf den Boden. Das zweite Kind geht im Innenkreis auf ein weiteres Kind zu.
Auf diese Weise geht's immer weiter, bis alle Kinder zusammen auf der Kreisbahn knien und gemeinsam den Takt mithilfe ihrer Stöcke halten.

Mithilfe dieser Praxisidee lernen die Kinder, nach und nach ihr Team zu erweitern, das den Rhythmus des Trommelspiels, das durch Sie erfolgt, auf kreative Weise begleitet. Anstelle der Stöcke können die Kinder auch Kieselsteine oder sogar Kastanien verwenden, die sie dann im Takt gegeneinander schlagen.

Die Sonnenblume

Alter: ab 5 Jahren

Material: 1 Klangschale

Zeitaufwand: 2–3 Minuten

Spielverlauf:
Die Kinder bilden einen engen Kreis, halten ihre Arme leicht schräg nach oben und zwar so, dass sie sich gegenseitig mit den Händen anfassen können. Auf diese Weise stellen sie eine Sonnenblume dar, die sich erst öffnet, wenn sie sich in der Blütenphase befindet.
Indem Sie die Klangschale anschlagen, dürfen die Kinder im Team darstellen, wie sich die Sonnenblume allmählich öffnet. Miteinander gehen sie rückwärts langsam weiter, sodass sich die Hände nicht mehr berühren.
Ziel ist es, ohne Handfassung mit weit zur Seite ausgestreckten Armen zusammen im Kreis zu stehen, sobald der Klang verklungen ist. Auf diese Weise stellen dann alle als Team eine Sonnenblume dar, die sich geöffnet hat.

Den Zusammenhalt spüren und gemeinsam eine Aufgabe meistern, macht glücklich und stark. Dabei bringt der Klang der Klangschale die Kinder innerlich zur Ruhe, sodass sie sich ganz bewusst auf die Teamarbeit einlassen können.

Lustiger Regentanz

Alter: ab 5 Jahren

Material: 1 Regenmacher und 1 große Pfütze

Zeitaufwand: 3–5 Minuten

Spielverlauf:
Für dieses Spiel benötigen die Kinder Gummistiefel und eine große Pfütze, um die sie einen Kreis bilden.
Wählen Sie ein beliebiges Kind aus, das sich etwas abseits von der Pfütze platzieren darf. Der Regenmacher kommt nun zum Einsatz, den Sie leicht schräg halten, sodass ein sanftes Regengeräusch entsteht. Dabei machen die Kinder einen Regentanz, indem sich immer zwei Kinder unterhaken und langsam links im Kreis herum bewegen. Sobald jedoch kein Regengeräusch mehr zu hören ist, ruft das ausgewählte Kind laut:

„Achtung Pfütze!“

Während nun das Kind vor Freude herbei eilt und in Richtung Pfütze springt, laufen alle Paare möglichst schnell davon, um nicht nassgespritzt zu werden. Schaffen es alle 2er-Teams, sich rechtzeitig in Sicherheit zu bringen?
Im Anschluss daran fängt ein neuer Regentanz statt, bei dem Sie ein neues Kind auswählen, das später in die Pfütze springen darf.
Nach ein paar Tanzrunden ist jedoch das Spiel aus.

In eine Pfütze zu springen, ist für die allermeisten Kinder mit einem hohen Spaßfaktor verbunden. Besonders spannend wird es dann, wenn sie im Team darauf achten müssen, dass sie nicht nassgespritzt werden. Ohne viel Zutun wird so der Kampf- und Teamgeist geweckt.

Waldtiere Rateteams

Alter: ab 6 Jahren

Material: jede Menge kleine Stöcke und Steine

Zeitaufwand: 5–6 Minuten

Spielverlauf:
Zu Beginn suchen die Kinder die o. g. Naturgegenstände. Immer drei bis vier Kinder bilden ein Team und übernehmen die Rolle eines bestimmten Waldtiers aus der Klanggeschichte, die Sie nun vorlesen:

Das ist eine Waldmaus.
Das Loch ist ihr Haus.
Zwei Steine leise gegeneinander schlagen

Das ist scheues Reh.
Es läuft zum Waldsee.
Die Stöcke leise gegeneinander schlagen

Das ist eine Ameise.
Sie ist klein und leise.
Mit dem Stock gegen einen Stein schlagen

Und welche Waldtiere kennt ihr hier?
Hoffentlich kennt ihr mehr als vier!

Jedes Team überlegt sich nun ein Waldtier. Das kann z. B. ein Fuchs, Baummarder, Dachs, Eichhörnchen, Specht oder eine Fledermaus sein. Die Aufgabe eines jeden Teams besteht darin, sein Waldtier mithilfe der ihm zur Verfügung stehenden Naturgegenstände den anderen vorzustellen.

Im Team überlegen, wie man z. B. Eichhörnchen zusammen in einer Klanggeschichte darstellen kann, ist nur möglich, wenn alle ihre Ideen einbringen und miteinander entscheiden, was zu tun ist. Damit sie jedoch zusammen den anderen ihr Waldtier musikalisch vorstellen können, braucht es ein gutes Zusammenspiel mithilfe der gemeinsam gesammelten Naturgegenstände.

Stein auf Stein

Alter: ab 5 Jahren

Material: für jedes Kind zwei große Kieselsteine

Zeitaufwand: 3–5 Minuten

Spielverlauf:
Jedes Kind sucht sich zwei große Kieselsteine und bildet mit den anderen einen Kreis.
Miteinander knien sich alle auf dem Boden und singen das volkstümliche überlieferte Bewegungslied „Wer will fleißige Handwerker sehn", das ca. im 19. Jahrhundert entstanden ist:

„Wer will fleißige Handwerker sehn,
der muss zu uns Kindern gehn.
Stein auf Stein, Stein auf Stein,
das Häuschen wird bald fertig sein."

Die Kinder schlagen dabei die beiden Steine stets im Takt zur Melodie gegeneinander.
Im Anschluss daran dürfen sie sozusagen als Bauteam ein Häuschen aus Steinen bauen.

Naturmaterialien wie Steine bieten sich nicht nur zum Musizieren, sondern auch zum Kreativsein an. Auf diese Weise können die Kinder auch verschiedene tolle Teamerfahrungen sammeln.

Zwei Teams und eine Blätterschlacht

Alter: ab 5 Jahren

Material: jede Menge Herbstblätter; evtl. ein paar kleine Besen

Zeitaufwand: 3–5 Minuten

Spielverlauf:
Das Spiel eignet sich für den Herbst, wenn die Blätter von den Bäumen fallen und die Kinder draußen so manchen Laubhaufen entdecken können. Miteinander suchen sie sich einen aus oder kehren einfach das Laub zu einem Haufen zusammen, um den sie sich dann herum knien. Eine Kreishälfte bildet dann ein Team und die andere das zweite Team. Miteinander sagen sie die erste Strophe des Liedes „Bunt sind schon die Wälder“ auf, das 1782 Johann Gaudenz von Salis-Seewis gedichtet hat:

„Bunt sind schon die Wälder,
gelb die Stoppelfelder,
und der Herbst beginnt.
Rote Blätter fallen,
graue Nebel wallen,
kühler weht der Wind.“

Währenddessen klatschen sie bei jeder Silbe auf ihre Oberschenkel. Am Ende sagen dann alle laut:

„Und die Blätterschlacht beginnt!“

In diesem Moment machen die beiden Teams gegeneinander eine Blätterschlacht.

Die beide Teams dürfen zunächst gemeinsam im Takt bleiben, bevor sie eine riesengroße Blätterschlacht veranstalten, bei welcher der Spaßfaktor und Zusammenhalt bei jedem Team im Vordergrund steht. Insgesamt werden so das Rhythmusgefühl, das Sprachvermögen und die Bewegungsfreude, aber auch der Team- und Kampfgeist gefördert.

Pferde laufen im Galopp

Alter: ab 5 Jahren

Material: für jedes Paar 1 Pferdeleine

Zeitaufwand: 3–5 Minuten

Spielverlauf:
Immer zwei Kinder bilden ein Paar und stellen sich hintereinander auf. Das vordere Kind erhält von Ihnen die Pferdeleine. Es spielt ein Pferd. Das Kind hinter ihm hält die Zügel fest.
Auf Ihr Startzeichen hin, reiten bzw. laufen alle los und singen die ersten Zeilen eines der bekanntesten deutschsprachigen Kniereiter „Hopp, hopp, hopp, Pferdchen lauf Galopp", dessen Text von Johann Gaudenz von Salis-Seewis stammt:

„Hopp, hopp, hopp,
Pferdchen, lauf Galopp!
Über Stock und über Steine,
aber brich dir nicht die Beine!
Hopp, hopp, hopp,
Pferdchen, lauf Galopp!"

Schaffen es die Paare, sich so fortzubewegen, bis alle mit dem Singen aufhören? Unabhängig davon tauschen die Kinder mit ihrem Partnerkind die Rolle und probieren das Singspiel gleich noch einmal aus.

Während Sie den Kindern das Foto zeigen, können Sie ihnen recht anschaulich bewusst machen, wie Pferd und Reiter*in voller Harmonie auf dem besten Weg zum Dream-Team sind. Es gibt also keinen perfekten Reiter oder keine perfekte Reiterin, sondern lediglich ein geniales Team.

Auf die Pfützen, fertig, los!

Alter: ab 5 Jahren

Material: 1 Handtrommel

Zeitaufwand: 3–5 Minuten

Spielverlauf:
Für dieses Spiel sollten alle Kinder Gummistiefel tragen oder, falls es draußen warm sein sollte, barfuß laufen.
Die Kinder suchen sich dann eine ganz große oder mehrere kleinere Pfützen aus, die nicht zu weit voneinander entfernt sind.
Zum Rhythmus des Trommelspiels springen die Kinder wie Frösche um die Pfütze(n) herum. Sobald Sie jedoch mit dem Trommeln aufhören, besteht die Aufgabe der Kinder darin, innerhalb von fünf Sekunden als Team in eine Pfütze zu springen. Indem Sie laut bis Zehn zählen, können Sie den Ehrgeiz der Kinder wecken und ihnen so auch ein Zeitgefühl vermitteln.
Falls das jedoch nicht auf Anhieb klappen sollte, probieren die Kinder einfach noch einmal das Spiel aus. Dieses Mal jedoch spielen die Kinder auf Ihre Anweisung hin z. B. Enten, die im Takt zu Ihrem Trommelspiel um die Pfützen herum watscheln bzw. im Entengang gehen, bevor sie beim nächsten Stopp in eine Pfütze springen dürfen.

Mithilfe der Praxisidee werden die Bewegungsfreude, das Reaktionsvermögen und der Teamgeist gefördert. Indem alle Kinder ein Ziel vor Augen haben, werden in besonderem Maße der Zusammenhalt gestärkt und der Siegeswille gesteigert. Nicht zuletzt haben die Kinder dabei jede Menge Spaß.

Baumstumpf-Trommelrunde

Alter: ab 5 Jahren

Material: 1 Baumstumpf, für maximal die Hälfte der Gruppe jeweils 2 ca. 25 cm lange Stöcke

Zeitaufwand: 3–5 Minuten

Spielverlauf:

Für diese Spiel wird ein Baumstumpf benötigt. Wurde ein solcher gefunden, bestimmen Sie ein überschaubares Spielfeld. Wählen Sie nun zwei beliebige Kinder aus, die die anderen fangen dürfen.

Die beiden Kinder bilden mit den von ihnen gefangenen Kindern jeweils ein Team, wobei das kleinere Team sich nun auf die Suche nach jeweils zwei Stöcken machen darf. Sollten jedoch in jedem Team die gleiche Anzahl an Kindern sein, entscheiden die beiden Teams selbst, wer von ihnen sich auf die Suche macht.

Das Team mit den Stöcken setzt sich nun um den Baumstumpf herum. Das andere Team bildet einen Außenkreis um das andere. Danach singen alle die erste Strophe des volkstümlichen Lieds „Ein Männlein steht im Walde", das August Heinrich Hoffmann von Fallersleben 1843 schrieb:

„Ein Männlein steht im Walde
ganz still und stumm,
es hat von lauter Purpur
ein Mäntlein um.

Sagt, wer mag das Männlein sein,
das da steht im Wald allein
mit dem purpurroten Mäntelein?"

Wissen die Kinder, dass es sich hierbei lediglich um eine Hagebutte handeln kann, dann wiederholen sie noch einmal die Strophe. Dieses Mal trommelt das erste Team im Takt mithilfe der Stöcke gegen den Baumstumpf. Die übrigen Kinder aus dem zweiten Team fassen sich an der Hüfte und drehen sich um die eigene Achse. Dabei gehen sie links im Kreis herum.

Danach wechselt jedes Kind aus dem ersten Team mit einem anderen im Außenkreis den Platz.

Auf diese Weise wird das Sing- und Tanzspiel so lange durchgeführt, bis alle Kinder einmal trommeln konnten.

Wissen die Kinder was ein Baumstumpf ist? Zeigen Sie den Kindern das Foto, bevor sie sich auf die Suche nach einem Baumstumpf machen. Zudem können Sie den Kindern erklären, dass ein Baumstumpf, der unter anderem auch als Wurzelstock bezeichnet wird, das Überbleibsel eines Baumes nach der Baumfällung ist. Der Baumstumpf bietet sich jedoch auch hervorragend als Trommel, aber auch für das auf S. 118 beschriebene Sing- und Tanzspiel an.

Naturverbundenheit spüren

Mit allen Sinnen die Natur im Team genießen

Das Fühlen führt zum Erahnen, Greifen zum Begreifen, Sehen zum Verstehen: Die unmittelbaren Erfahrungen in der Natur aktivieren die Sinne, tun gut und entspannen. Sie bieten ganzheitliche Lernerfahrungen, die insbesondere die Kinder, die viel Zeit vor dem Bildschirm verbringen, für ihre Entwicklung brauchen. Dabei können die vielseitig verwendbaren Naturgegenstände besonders gut für Wahrnehmungsspiele, bei denen der Teamgedanke ebenfalls im Vordergrund steht, eingesetzt werden. Sie schärfen den Blick für das Unscheinbare und Wesentliche, fördern die Verbundenheit zur Natur und das soziale Miteinander.
An dieser Stelle knüpfen nun die nachfolgenden Teamspiele an, bei denen immer ein bis zwei Sinne besonders intensiv angesprochen und geschult werden. Indem sich die Kinder z. B. mit geschlossenen Augen von Ihnen durch den Wald führen lassen, werden nicht nur der Tast- und Hörsinn, sondern auch der soziale Zusammenhalt unter den Kindern, selbst wenn mal etwas nicht so optimal verlaufen sollte, gefördert. Auf diese Weise können die Kinder diverse Erfahrungen im Wald, aber auch auf der Wiese und im Garten sammeln und dabei eine Achtsamkeit gegenüber der Natur entwickeln. Nicht zuletzt lernen sie durch solche Wahrnehmungsspiele in der Natur sich selbst und die anderen aus ihrem Team besonders wertzuschätzen.

„Entwicklung der Sinne ist die Grundlage der Entwicklung des Verstandes der Menschheit.“

Jakob Moleschott (1822–1893), niederländischer Arzt und Physiologe

Welches Team wird Waldkönig?

Alter: ab 6 Jahren

Material: für jedes Team 4–5 Naturgegenstände, wie z. B. 1 Eichel, 1 Buchenblatt, 1 Kiefernzapfen und 1 Tannennadel

Zeitaufwand: 5–10 Minuten

Spielverlauf:
Zwei bis drei Kinder wählen der Reihe nach ein Kind aus, das zu ihnen in das Team kommen darf. Danach sucht jedes Team in der nächsten Umgebung auf Ihre Anweisung hin z. B. eine Eichel, ein Buchenblatt, einen Kiefernzapfen und eine Tannennadel. Damit sich die Kinder jedoch nicht zu weit voneinander entfernen, können Sie den Suchort einkreisen, indem Sie, falls vorhanden, z. B. „Bis zum Jägerstand" oder „Bis zur Pferdekoppel!" rufen.
Auf los geht's los! Jedes Team darf sich jetzt noch einmal auf die Suche nach den gleichen Naturmaterialien machen.
Dasjenige Team, das Ihnen am schnellsten die Sachen in doppelter Ausführung vorlegen kann, ist der Waldkönig.

Indem sich die Kinder im Team auf die Suche nach bestimmten Naturmaterialien machen, lernen sie, sich bewusst auf eine Sache einzulassen und sich gemeinsam mit dem, was es draußen gibt, auseinanderzusetzen. Dabei werden in besonderem Maße die visuelle Wahrnehmung und der Teamgeist gefördert.

Waldmandala-Rätselteams

Alter: ab 5 Jahren

Material: ein paar verschiedene Naturgegenstände, wie z. B. Pflanzenblätter, Steine und Zapfen

Zeitaufwand: 3–5 Minuten

Spielverlauf:
Die Kinder suchen verschiedene Naturgegenstände, mit denen sie zusammen ein Waldmandala legen. Danach bilden sie einen Kreis um das Waldmadala herum, den Sie in drei gleich große Teile aufteilen. Auf diese Weise entstehen drei gleich große Teams. Zwischen den einzelnen Teams lassen die Kinder etwas Abstand auf der Kreisbahn.
Während sich nun zwei Teams mit dem Rücken in Richtung Kreismitte wenden, darf ein Kind aus dem übrigen Team in den Innenkreis treten und einen Naturgegenstand des Waldmandalas wegnehmen, den es und die übrigen Kinder aus seinem Team beschreibt. Die zwei Teams sollen herausfinden, um welchen Naturgegenstand es sich handelt. Dasjenige Team, das am schnellsten die Antwort weiß, erhält den Naturgegenstand.
In der nächsten Spielrunde darf dann das Team, das zuvor gewonnen hat, sich umdrehen und, sobald die beiden übrigen Teams mit dem Rücken zur Kreismitte stehen, ein Kind aus seiner Mitte auswählen, das dann in den Innenkreis geht, um einen weiteren Naturgegenstand auszuwählen.
Auf diese Weise geht's immer weiter, bis ein Team insgesamt drei Naturgegenstände erraten konnte.

Ein Waldmadala legen, kann eine schöne Teamaufgabe sein. Besonders viel Freude haben Kinder jedoch auch daran, wenn sie gegen andere Teams spielen und dabei auch, so wie bei dieser Praxisidee, aufmerksam und schnell Teamaufgaben lösen dürfen.

Wo ist das Buchenblätter-Team?

Alter: ab 5 Jahren

Material: für jede Kleingruppe jeweils 1 Pflanzenblatt von einem bestimmten Baum, wie z. B. Ahorn, Buche, Eiche; evtl. 4 Markierungskegel

Zeitaufwand: 3–5 Minuten

Spielverlauf:

Zu Beginn teilen Sie die Kinder in drei bis vier gleich große Gruppen ein, die sich jeweils ein Pflanzenblatt von einem bestimmten Baum suchen. Danach kommen alle zusammen und bestimmen ein übersichtliches Spielfeld, das Sie mithilfe von vier Markierungskegeln kennzeichnen können.

Die Kinder laufen dann los. Begegnen sich zwei Kinder, tauschen sie ihre Pflanzenblätter miteinander aus. Das geht so lange, bis sie auf einmal kräftig trommeln. Daraufhin sollen die Kinder sich so schnell wie möglich mit denjenigen Kindern ein Team bilden, die das gleiche Pflanzenblatt so wie sie selbst in der Hand halten. Dasjenige Team, das am schnellsten die Aufgabe korrekt erfüllt und zusammen im Kreis auf dem Boden kniet, hat das Spiel gewonnen.

Auf diese Weise kann das Spiel noch ein paarmal wiederholt werden.

Damit die richtigen Teams zusammenkommen, müssen die Kinder zunächst rasch aufeinander zugehen, um ihre Pflanzenblätter miteinander vergleichen zu können. Dabei dürften bei demjenigen Team, dem das besonders schnell gelingt, der Jubel und die Freude groß sein.

Welches Team weiß, was das ist?

Alter: ab 5 Jahren

Material: ein paar Naturmaterialien, wie z. B. 1 Tannenzapfen, 1 Kiefernzapfen, 1 Kastanie, 1 Eichel und 1 Buchecker, 1 großes blickdichtes Tuch

Zeitaufwand: 3–5 Minuten

Spielverlauf:
Die Kinder suchen ein paar Naturmaterialien, die sie zusammen auf den Boden legen. Danach breiten sie ein blickdichtes Tuch über die Sachen aus und bilden zwei bis drei gleich große Teams.
Eines von ihnen fängt an und greift unter das Tuch, um einen Naturgegenstand zu ertasten. Während es nun den Naturgegenstand beschreibt, versuchen alle übrigen Kinder mit ihrem Team herauszufinden, wie der Naturgegenstand heißt. Konnte sich jedes Team auf etwas Bestimmtes einigen, holt das Kind zur Kontrolle den Naturgegenstand unter dem Tuch hervor. Stimmt die Antwort, dann legt es den Naturgegenstand zur Seite. Ansonsten legt es den Naturgegenstand zurück und bittet ein anderes Kind, unter dem Tuch nach einem Naturgegenstand zu greifen, um diesen zu beschreiben.
Wie lange wird es wohl dauern, bis alle Naturgegenstände offen daliegen?
Am Ende gewinnt dasjenige Team das Spiel, das am schnellsten alle Naturgegenstände herausfinden konnte.

Indem die Kinder die Naturgegenstände abtasten, können sie auch die Eigenschaften, die die Naturgegenstände haben, viel leichter verinnerlichen.
Und wenn sie dann noch im Team einen Naturgegenstand anhand einer Beschreibung herausfinden sollen, spornt das besonders an, zusammen das Rätsel zu knacken.

Blindschleiche

Alter: ab 6 Jahren

Material: 1 langes Tau, für jedes Kind 1 Augenbinde

Zeitaufwand: 5–10 Minuten

Spielverlauf:

Die Kinder stellen sich hintereinander auf und erhalten von Ihnen jeweils eine Augenbinde. Zudem bekommen sie noch ein Tau, das sie festhalten. Danach stellen Sie sich vor das Team und halten das vorderea Seilende fest.

Mit den Kindern im Schlepptau geht's dann auf dem Feld- oder Waldweg entlang. Zwischendurch bleiben Sie stehen, um z. B. einen kleinen Ast aufzuheben, den die Kinder mit einer Hand von vorne nach hinten weitergeben und zwar so, dass sie das Tau nicht loslassen müssen. Die Kinder dürfen dann der Reihe ihre Vermutung preisgeben.

Im Anschluss daran nehmen sie ihre Augenbinden ab und schauen nach, um welches Naturmaterial es sich handelt. Konnte mehr als die Hälfte der Kinder die richtige Antwort geben, dann erhält das Team einen Punkt.

Auf diese Weise dürfen die Kinder noch ein paar Naturmaterialien im wahrsten Sinne des Wortes auf die Spur kommen.

Sobald jedoch das Team drei Punkte ergattern konnte, ist das Spiel beendet.

Sich miteinander auf den Weg machen und gemeinsam eine Aufgabe lösen, ist ein wesentlicher Bestandteil für eine erfolgreiche Teamarbeit. Wie das konkret aussehen kann, soll den Kindern mithilfe der Praxisidee von S. 130 verdeutlicht werden, bei der sie zu Beginn erst einmal mit offenen Augen mit dem Tau in der Hand der Reihe nach ein Stück gehen können.

Was macht der Kuckuck?

Alter: ab 6 Jahren

Material: jede Menge Pflanzenblätter

Zeitaufwand: 5–10 Minuten

Spielverlauf:
Zu Beginn teilen Sie die Kinder in zwei gleich große Teams ein, die gemeinsam in der nächsten Umgebung auf Streifzug gehen, um Naturgeräusche wahrzunehmen. Das kann das Vogelgezwitscher, das Rauschen des Windes, das Rascheln der Blätter oder das Summen der Biene sein. Dabei können sie zwischendurch ihre Augen schließen, um die Naturgeräusche intensiv wahrzunehmen.
Nach einer Weile bildet das erste Team einen Kreis. Das zweite Team überlegt sich heimlich ein bestimmtes Naturgeräusch, geht in den Innenkreis und ahmt von dort aus z. B. den Kuckucksruf nach. Daraufhin soll das erste Team das dazu passende Tier erraten, das in diesem Fall einfach sein dürfte. Zur Kontrolle teilt das zweite Team den anderen die Lösung mit. Stimmt die Vermutung, erhält das zweite Team von Ihnen einen Punkt bzw. ein Pflanzenblatt.
Danach tauschen beiden Teams den Platz, sodass das erste Team im Innenkreis genauso ein neues Naturgeräusch nachahmen kann.
Auf diese Weise geht's zehnmal zwischen den beiden Teams hin und her. Dasjenige Team, das am Schluss die höchste Punktzahl bzw. die meisten Pflanzenblätter hat, gewinnt das Spiel.

Bei dieser Praxisidee lernen die Kinder nicht nur, ihre Ohren zu spitzen und extrem aufmerksam zu sein, sondern auch zusammenzuarbeiten, indem sie entweder als Team ein bestimmtes Naturgeräusch vorstellen oder das von den anderen herausfinden sollen. Jedes Kind sollte also stets sein Bestes geben, damit am Ende sein Team das Spiel gewinnen kann.

Mandala aus Steinen

Alter: ab 5 Jahren

Material: jede Menge Steine, 1 Klangschale

Zeitaufwand: 5–10 Minuten

Spielverlauf:
Die Kinder bilden kleine Teams, die im Idealfall aus fünf bis sechs Kindern bestehen.
Die Aufgabe der einzelnen Teams besteht darin, sich jeweils einen schönen Stein zu suchen, den sie z. B. auf einem Baumstumpf oder einfach auf den Boden platzieren können. Danach machen sie sich auf die Suche nach weiteren Steinen, mit denen sie zusammen um den Stein herum für jedes Kind einen Steinring legen, sodass allmählich ein großes Mandala aus Steinen entsteht.
Im Anschluss daran gehen sie Hand in Hand um ihr Mandala so lange herum, bis Sie die Klangschale anschlagen. Daraufhin bleiben die Kinder stehen, um das Mandala ausgiebig zu betrachten. Wer möchte, schließt dabei kurz die Augen, um das Mandala vor seinem inneren Auge auf sich wirken zu lassen. Sobald jedoch der Ton verklungen ist, gehen die Kinder wieder so lange weiter, bis Sie erneut die Klangschale anschlagen.
Auf diese Weise wird das Wahrnehmungsspiel, bei dem die Kinder auch innerlich zur Ruhe kommen, noch ein paarmal fortgesetzt.

Jeder Steinring ist wichtig, damit überhaupt ein großes Mandala aus Steinen entstehen kann. Spielerisch soll so den Kindern auf recht anschauliche Weise bewusst gemacht werden, dass jedes Kind dazugehört und somit auch ein wichtiger Teil des Teams ist.

Wolkenreise

Alter: ab 6 Jahren

Material: 1 Decke, 1 Klangschale

Zeitaufwand: 5–6 Minuten

Spielverlauf:
An einem leicht bewölkten Tag breiten die Kinder eine große Decke auf dem Boden aus und legen sich kreisförmig mit dem Rücken darauf. Dabei zeigt der Kopf in Richtung Kreismitte.
Zu Beginn lassen Sie die Klangschale erklingen. Die Kinder schauen nun in Richtung Himmel und beobachten die Wolken, die langsam weit über ihnen vorbeiziehen. Ist der Klang verklungen, fängt ein beliebiges Kind, das was es in einer Wolke gerade sieht, zu benennen. Das kann ein Tier, ein Gegenstand oder einfach eine Figur sein. Danach ist dasjenige Kind an der Reihe, das links neben ihm im Kreis sitzt. So ähnlich wie bei dem altbekannten Spiel „Ich packe meinen Koffer" wiederholt es das Gesagte und fügt etwas Neues hinzu.
Auf diese Weise geht's immer weiter, bis ein Kind, das das was zuvor gesagt wurde, nicht wiederholen kann oder im Idealfall alle Kinder an die Reihe gekommen sind und somit als Team die Aufgabe hervorragend gemeistert haben.

Im Kreis zusammen liegen und dabei die Wolken am Horizont beobachten, fördert nicht nur die visuelle Wahrnehmung und die Fantasie, sondern auch das Gemeinschaftsgefühl. Indem die Kinder zudem als Team eine Aufgabe auch mal aus einer völlig anderen Perspektive bewältigen dürfen, ist das Ganze höchst spannend und interessant zugleich.

Team auf Entdeckungstour

Alter: ab 5 Jahren

Material: 1 Klangschale, ein paar Eichel o. Ä., 1 Stoppuhr oder 1 Uhr mit Sekundenzeiger

Zeitaufwand: 8–10 Minuten

Spielverlauf:
Die Kinder machen einen Spaziergang, um die Natur zu genießen und insgesamt fünf Aufgaben gemeinsam zu lösen, bei denen sie bewusst ein bis zwei Sinne schärfen. Damit das gelingt, lassen Sie zunächst die Klangschale erklingen. Die Kinder bleiben stehen und dürfen nun auf ihre Bitte hin ganz ruhig sein, um Geräusche intensiv wahrnehmen zu können. Das kann das Summen der Biene, das Zwischen der Vögel, das Rauschen des Winds, eine Motorsäge oder einfach das Husten eines Kindes sein. Nach einer Minute lassen Sie erneut die Klangschale erklingen. Daraufhin zählen die Kinder die Geräusche auf, die sie gehört haben. Können sie mindestens drei dazu passende Antworten geben, erhalten Sie einen Punkt bzw. eine Eichel.
Danach setzen sie ihren Waldspaziergang so lange fort, bis Sie erneut die Klangschale erklingen lassen, um den Kindern eine weitere Wahrnehmungsaufgabe zu stellen, wie z. B. verschiedene Bodentiere oder Pflanzen innerhalb einer Minute zu suchen. Dabei sollen sie wieder mindestens drei dazu passende Antworten geben. Nach insgesamt fünf Zwischenstopps ist jedoch der Waldspaziergang beendet. Sollten die Kinder am Schluss mindestens drei Eichel ergattern haben, dann haben sie als Team alles hervorragend gemeistert.

Ein Spaziergang in der Natur tut gut und entspannt. Spiele zum intensiven Lauschen, Beobachten und Tasten eignen sich dazu, die Natur bewusst zu entdecken und zu erleben, und zusammen machen sie gleich doppelt so viel Spaß. Die gemeinsamen Erfahrungen und Erlebnisse verbinden und stärken das Wir-Gefühl.

Zu zweit alles ertasten

Alter: ab 5 Jahren

Material: 6–8 kleine Naturgegenstände, für jedes zweite Kind 1 Augenbinde

Zeitaufwand: 3–5 Minuten

Spielverlauf:
Jedes Kind schnappt sich ein anderes, um ein 2er-Team zu bilden. Jedes Paar sucht sich dann sechs bis acht kleine Naturgegenstände, wie z. B. ein kleiner Stock, einen kleinen Stein, einen Grashalm, einen Zapfen, eine Tannennadel und ein Pflanzenblatt. Die Paare befinden sich nicht zu weit voneinander entfernt.
Eines von beiden erhält von Ihnen eine Augenbinde und bekommt von dem anderen ein beliebiges Naturmaterial in die Hand gedrückt. Kann das Kind herausfinden, wie das Naturmaterial heißt? Zur Kontrolle nimmt es die Augenbinde ab. Wurde die richtige Antwort geben, legt das Paar das Naturmaterial beiseite. Unabhängig davon, tauschen dann beide ihre Rollen.
Dasjenige 2er-Team, das als Erstes alle Naturmaterialien beiseite legen konnten und „Stopp!“ ruft, hat das Spiel gewonnen.

Ziel ist es, dass die Kinder zu zweit möglichst viele kleine Schätze aus der Natur ertasten, um die Natur kennen und lieben zu lernen. Zudem werden durch die Partnerübung das Vertrauen zueinander und eine gute Zusammenarbeit gefördert.

Aus Liebe zur Natur

Unser Team sagt „Danke!" und „Tschüss!"

Die Kinder haben den Aufenthalt in der freien Natur genossen und dabei auch ausgiebig zusammen gespielt, getobt und gelacht. Damit jedoch die Spielzeit im Wald, auf der Wiese oder einfach im Garten für die Kinder nicht einfach abrupt endet, bietet sich ein harmonisches Abschlussspiel im Kreis oder auf einem begrenzten Spielfeld geradezu an, bei dem alle Kinder noch einmal zusammenkommen, um „Tschüss" zu sagen und sich gegebenenfalls auch noch einmal kurz zu Wort zu melden.

Dementsprechend werden nun im letzten Kapitel jede Menge Praxisideen vorgestellt, bei denen die Kinder sich zum Teil auch der Reihe nach äußern dürfen. Kurz und bündig können die Kinder z. B. sagen, was ihnen besonders gut gefallen hat und auf was sie sich im Hinblick auf das nächste Treffen bereits heute schon freuen.

Zu alledem wird auch gezeigt, wie Kinder spielerisch ihre Dankbarkeit und Wertschätzung gegenüber der Natur zeigen können, bevor sie sich voneinander verabschieden. Auf diese Weise wird nicht nur die Vorfreude auf die nächsten Teamspielen in der freien Natur geweckt, sondern auch die Liebe zur Natur auf höchst vielfältige Weise zum Ausdruck gebracht.

„Wenn man die Natur wahrhaft liebt, so findet man es überall schön.“

Vincent van Gogh (1853–1890), niederländischer Maler und Zeichner

Naturgeschenke

Alter: ab 5 Jahren

Material: Naturgegenstände, wie z. B. Tannenzapfen, Eicheln und Ahornblätter

Zeitaufwand: 3–5 Minuten

Spielverlauf:
Jedes Kind darf sich in der unmittelbaren Umgebung einen kleinen Schatz aus der Natur suchen, den es zum Abschied einem anderen Kind gerne überreichen möchte.
Danach bilden die Kinder einen Kreis und legen ihre gesammelten Sachen direkt vor ihren Füßen auf den Boden hin. Eines der Kinder hebt dann seinen Naturgegenstand, wie z. B. ein Stück Baumrinde auf und geht auf ein beliebiges Kind zu, um ihm seinen Naturgegenstand zu überreichen. Dabei kann es z. B. Folgendes sagen:

„Zum Abschied schenke ich dir ein Stück Baumrinde!"

Das betreffende Kind bedankt sich, legt das Abschiedsgeschenk bzw. das Stück Baumrinde beiseite, um das, was es vor sich liegen hat, genauso einem anderen zu überreichen.
Auf diese Weise geht's immer weiter, bis alle Kinder ihre Naturgegenstände tauschen und sich voneinander verabschieden konnten.

Kinder finden oftmals großen Gefallen an Geschenken. Umso schöner ist es dann, wenn sie sich gegenseitig kleine Geschenke, die sie sogar selbst in der Natur gefunden haben, machen können. Auf diese Weise zeigen sie natürlich auch, dass sie sich gegenseitig wertschätzen.

Abschied unter dem Kastanienbaum

Alter: ab 5 Jahren

Material: 3–4 Kastanien, 1 Klangschale

Zeitaufwand: 3–5 Minuten

Spielverlauf:
Die Kinder stellen sich unter einen Kastanienbaum kreisförmig auf.
Drei bis vier Kinder, die möglichst weit weg voneinander stehen, erhalten nun von Ihnen jeweils eine Kastanie.
Auf los geht's los. Die Kinder reichen nun die Kastanien so lange links im Kreis herum, bis Sie einmal die Klangschale anschlagen. Daraufhin dürfen diejenigen Kinder, die gerade eine Kastanie in der Hand halten, in Richtung Kastanienbaum gehen, um sich dort gegenseitig per Handschlag voneinander zu verabschieden.
Im Anschluss daran stellen sie sich wieder auf ihren Ausgangsplatz, sodass eine neue Spielrunde beginnen kann.
Auf diese Weise geht's immer weiter, bis sich alle Kinder zumindest einmal direkt vor dem Baumstamm von ein paar anderen Kindern verabschieden konnten.

Indem die Kinder sich voneinander z. B. unter einem großen Kastanienbaum verabschieden, wird eine überschaubare Situation geschaffen, sodass sich insbesondere schüchterne und zurückhaltende Kindern leichter von den anderen verabschieden können.
Auf diese Weise wird eine schöne Atmosphäre geschaffen und die Vorfreude auf das nächste Mal in der freien Natur gesteigert.

Tschüss Baum!

Alter: ab 5 Jahren

Material: 1 Baum

Zeitaufwand: 3–5 Jahren

Spielverlauf:

Die Kinder suchen sich einen großen Baum mit einem dicken Stamm aus, vor dem sie sich hinstellen.

Zuerst gehen Sie zu dem Baum. Während Sie nun den Baum umarmen, sagen sie laut „Tschüss!". Danach sagen Sie „Tschüss!" und rufen ein Kind namentlich auf, das nun ebenfalls in Richtung Baum geht, um diesen zu umarmen. Das Kind wiederum tut es Ihnen gleich, indem es „Tschüss!" sagt und eines der übrigen Kinder namentlich aufruft.

Auf diese Weise geht's immer weiter, bis alle den Baum umarmen und schließlich noch einmal zueinander „Tschüss!" sagen können.

Miteinander einen Baum zum Abschied umarmen, tut einfach gut. Die Kinder spüren die Kraft des Baumes und gleichzeitig auch die Verbundenheit in der Gruppe. Machen Sie, so wie im Spiel beschrieben, den Anfang, damit die Kinder wissen, wie leicht so etwas gemacht werden kann.

Pusteblume

Alter: ab 5 Jahren

Material: für jedes Kind 1 Pusteblume

Zeitaufwand: 3–5 Minuten

Spielverlauf:
Die Kinder können bereits im April, aber natürlich auch noch im Mai jeweils eine Pusteblume (also reifen Samen) pflücken.
Sie bilden mit den Pusteblumen in den Händen einen großen Kreis.
Der Reihe nach dürfen die Kinder sich nun kurz voneinander links im Kreis herum verabschieden. Sind sich alle auf Nachfrage von Ihnen darüber einig, dass die Teamspiele in der freien Natur schön gewesen ist, sagen sie schließlich Folgendes:

„Die Teamspiele waren schön und sind nun aus.
Wir gehen in verschiedenen Richtungen nach Haus'."

Im Anschluss daran pusten die Kinder gegen ihre Pusteblume, sodass die reifen Samen der Blume, die in diesem Fall die vielen Kinder darstellen, in alle Richtungen fliegen können.

Zum Leben gehören Abschiede. Ein Löwenzahn, der übrigens die Vergänglichkeit symbolisiert, eignet sich hervorragend, um die gemeinsame Spielzeit in der freien Natur zu beenden und „Tschüss! zu sagen. Auf spielerische Weise gehen die Kinder in allen Himmelsrichtungen auseinander und freuen sich sicherlich schon auf die nächsten Teamspiele in der freien Natur.

Heiße Esskastanien

Alter: ab 5 Jahren

Material: 2 Kastanien

Zeitaufwand: 3–5 Minuten

Spielverlauf:

Die Kinder bilden einen Kreis. Zwei Kinder, die nicht so nah zusammen stehen, erhalten jeweils eine Kastanie.

Auf los geht's los. Die Kinder reichen so schnell wie möglich die Kastanien im Uhrzeigersinn herum, die gekocht oder gebacken ziemlich heiß sein können.

Das geht so lange, bis Sie einmal kräftig trommeln. Die beiden Kinder, die gerade eine Kastanie in den Händen halten, legen ihre Kastanien denjenigen Kindern, die links neben ihnen auf der Kreisbahn stehen, vor die Füße hin und treten in die Kreismitte, um sich voneinander zu verabschieden.

Danach gehen sie wieder auf ihre Plätze zurück, sodass das Spiel von vorne beginnt.

Es geht so immer weiter, bis sich jedes Kind von einem anderen verabschieden konnte.

Indem Sie den Kindern das Foto zeigen, können Sie ihnen erklären, dass Edelkastanien, die auch als Esskastanie und Maronen bezeichnet werden, in Deutschland vor allem in den Weinanbaugebieten entlang des Rheins wachsen. Im Herbst können sie roh, gekocht oder gebacken verzehrt werden und somit manchmal auch ganz schön heiß auf dem Teller serviert werden.

Herzlichen Dank

Alter: ab 5 Jahren

Material: 1 Baum, 1 Stück rote Kreide oder andere rote Farbe

Zeitaufwand: 5–6 Minuten

Spielverlauf:
Die Kinder treffen sich zum Abschied im Halbkreis unter einem Baum, auf dessen Stamm Sie ein rotes Herz auf Augenhöhe der Kinder malen.
Eines der Kinder, auf das Sie deuten, tritt vor die Gruppe und wird nun von den anderen namentlich verabschiedet. Danach fragen Sie das betreffende Kind, was ihm heute draußen besonders gut gefallen hat. Vielleicht hat es eine besondere Pflanze entdeckt oder einen klopfenden Specht während des Nestbaus beobachtet. Vielleicht hat ihm aber auch ein Teamspiel oder einfach das Zusammensein in der freien Natur gefallen. Konnte das Kind über seine positiven Erlebnissen und Erfahrungen berichten, geht es zum Baum, um diesen zu umarmen. Dabei sagt es laut und deutlich:

„Herzlichen Dank!"

Auf diese Weise geht's immer weiter, bis alle Kinder verabschiedet wurden und sich so liebevoll auch von dem Baum verabschieden konnten.

Kurz vor Schluss ist die Gelegenheit, sich bei allen oder für etwas Bestimmtes, das einen während der gemeinsamen Spielzeit erfreut hat, zu bedanken. Ein herzliches Dankeschön, das auch so wie hier an einen Baum gerichtet sein kann, macht den Kindern bewusst, dass nichts selbstverständlich ist und wir alle froh sein können, dass es die Natur gibt, denn ohne die Natur wäre kein Leben möglich.

Unter dem Regenschirm

Alter: ab 5 Jahren

Material: 1 Regenschirm

Zeitaufwand: 3–5 Minuten

Spielverlauf:
Alle Kinder stehen zusammen im Kreis.
Eines von ihnen erhält von Ihnen einen aufgespannten Regenschirm.
Es schaut nun in die Runde, wählt ein beliebiges Kind aus und sagt schließlich:

„Ein Platz unter meinen Regenschirm ist leer,
zum Abschied wünsche ich mir ... (Vorname des Kindes einsetzen) her!"

Das ausgewählte Kind darf nun rasch in Richtung Regenschirm laufen und sich zu dem Kind unter den Regenschirm stellen, das es dann per Handschlag verabschiedet. Danach übernimmt es den Regenschirm, um auf die gleiche Weise ein neues Kind auszusuchen, das zu ihm kommen darf. Das andere Kind, das zuvor den Regenschirm hatte, verlässt jedoch den Kreis.
So geht's immer weiter, bis der Kreis aufgelöst wurde und das letzte Kind unter dem Regenschirm von Ihnen verabschiedet wurde.

Ein Regenschirm kann nicht nur bei schlechtem Wetter die Kinder vor Regen schützen, sondern auch so wie bei diesem Abschlussspiel auf eine schöne Weise eingesetzt werden. Indem sich immer zwei Kinder unter den Schirm stellen, können Sie besonders gut miteinander in Kontakt treten.

Eine Reihe toller Erlebnisse

Alter: ab 6 Jahren

Material: 1 lange Schnur, Pflanzenblätter und 1 Wäscheklammer

Zeitaufwand: 5–6 Minuten

Spielverlauf:
Während die Kinder Pflanzenblätter in der nächsten Umgebung suchen, binden Sie eine Schnur locker gespannt z. B. zwischen zwei Sträuchern oder Bäumen fest. Die Kinder erhalten von Ihnen noch Wäscheklammern und stellen sich dann gegenüber der Schnur in einer Reihe auf. Eines der Kinder beginnt und erzählt den anderen, welche tollen Erfahrungen es in Bezug auf die Teamspiele in der freien Natur heute gemacht hat. Das kann der Zusammenhalt, die Hilfsbereitschaft untereinander oder einfach der Spielspaß, den alle draußen hatten, sein. Für jede positive Erfahrung hängt es dann ein Pflanzenblatt am Seil auf.
Unabhängig davon, geht es dann wieder auf seinen Platz zurück, um ein weiteres Kind zu bestimmen, das genauso von seinen positiven Erfahrungen im Hinblick auf die Teamspiele berichten darf.
Auf diese Weise geht's immer weiter, bis alle Kinder ihre Pflanzenblätter am Seil aufhängen und sich gegenseitig viel Positives berichten konnten.

Indem die Kinder ihre gesammelten Pflanzenblätter am Seil aufhängen, wird ihnen ohne viel Zutun recht anschaulich vor Augen geführt, wie viele tolle Erfahrungen sie durch die Teamspiele in der freien Natur machen konnten. Auf diese Weise wird auch die Lust auf weitere schöne Teamspiele in der Natur gesteigert.

So bunt wie die Blätter

Alter: ab 5 Jahren

Material: Laubhaufen

Zeitaufwand: 3–5 Minuten

Spielverlauf:
Die Kinder sitzen um einen großen Laubhaufen herum.
Eines der Kinder beginnt und erzählt den anderen, was ihm heute besonders gut gefallen hat. Das kann z. B. ein bestimmtes Teamspiel, bei dem die Geschicklichkeit, die Aufmerksamkeit oder einfach die Bewegungsfreude im Vordergrund stand sein. Danach sagt es laut:

„Wir haben alle sehr viel zusammen gemacht.
Es war bunt, vielfältig und hat Spaß gemacht!"

Daraufhin greift es mit beiden Händen beherzt in den Laubhaufen. Es reißt dann seine Arme weit nach oben in die Luft, sodass die bunten Blätter zur Freude alle Kinder aufwirbeln.
Danach ist dasjenige Kind an der Reihe, das sich links neben dem vorherigen Kind befindet.
Auf diese Weise geht's immer weiter, bis alle an der Reihe gewesen sind und schließlich auf Ihr Kommando hin eine große Blätterschlacht entsteht, bei der Sie sich am Schluss auch von den Kindern verabschieden.

Im Herbst, wenn die Blätter von den Bäumen fallen, macht eine Blätterschlacht besonders viel Spaß. Bevor das jedoch geschieht, kann ein Laubhaufen auch ein besonders schöner Treffpunkt sein, um den die Kinder sich dann zum Abschied versammeln können.

Sonnige Aussichten

Alter: ab 6 Jahren

Material: –

Zeitaufwand: 5–10 Minuten

Spielverlauf:
Die Kinder bilden einen Kreis.
Eines von ihnen legt sich bequem mit dem Rücken auf den Boden. Dabei zeigt der Kopf in Richtung Kreismitte. Während es nun in Richtung Himmel schaut, überlegt es sich, auf was es sich bereits heute schon im Hinblick auf das nächste Treffen in der freien Natur freut. Das kann z. B. das gemeinsame Balancieren auf einem abgesägten Baumstamm, das Beobachten von Waldtieren oder gar ein Teamspiel sein, bei dem verschiedene Naturgegenstände zum Einsatz kommen können.
Die übrigen Kinder hören aufmerksam zu und warten ab, bis sie an der Reihe sind und im Liegen dann über das, auf was sie sich jetzt schon freuen, berichten dürfen. Sobald jedoch alle Kinder im Kreis zusammen auf dem Boden liegen, strecken sie ihre Arme seitlich nach oben und geben sich gegenseitig die Hände. Dabei sagen sie laut:

„Das sind wirklich sehr sonnige Aussichten, liebe Leute!
Auf das nächsten Treffen freuen wir uns bereits heute!"

„Auf Wiedersehen!"

Die Praxisidee „Sonnige Aussichten“ soll in erster Linie die Vorfreude auf das nächsten Treffen in der freien Natur steigern. Darüber hinaus soll den Kindern so auch Lust auf weitere tolle Teamspiele gemacht werden.

Anhang

Register

Bildnachweis

© stock-adobe.com:

_jure 117
alexsvirid 67
alinamd 119
artmim 21
Astrid Ziemer 65
Brian Jackson 155
C. Schüßler 63
Christian Bullinger 75
Christian Schwier 77
coldwaterman 43
contrastwerkstatt 29, 149
creativemariolorek 129
Daniel Prudek 35
davit85 81
Edler von Rabenstein 93
Ekaterina Myshenko 13
Andrea Erkert 91
Evgeniy Kalinovskiy 163
Golubev Dmitrii 133
Gorilla 115
Ivan 51
Jacob Lund 61
Jannik 135
Khorzhevska 143
kosolovskyy 71
lisa Gött 125
luckybusiness 15
Lyubov 25
Maria Sbytova 145
Mark J. Barrett 73
MERCURY studio 69
Miceking 57
mihail39 79
milicanistoran 101
Monet 97
Monkey Business 9
moodboard 7
NATALYA 45
ohenze 147
oleg_ermak 107
Olesia Bilkei 49
Olesya 87
olympus ES 27
Orlando Florin Rosu 23
Paul 83
Paul Meixner 31
perevalovalexey 161
pictonaut 139
pikselstock 53
pixarno 111
Ramona Heim 127
Rawpixel.com 99
Robert Kneschke 85, 121, 131
SBozhok 159
Sergey 95
Sergey Novikov 105, 137
Sinuswelle 19
Stanislav 59, 109
stefania57 153
sunakri 123
surasak 55
Sven Förter 89
Svetlana 33
Syda Productions 41
tatomm 103
Tatyana 39

Tomsickova 157
ulkas 151
Valua Vitaly 37
Volodymyr 47
watman 141
Westend61 11
zaikina 113
Елена Якимова 17

Literatur

Bentele, Peter (2021): Wald und Mensch im Dialog. Theorie und Praxis der Waldpädagogik.
Dortmund: verlag modernes lernen

Erkert, Andrea (2011): Die 50 besten Spiele zum Austoben.
München: Don Bosco

Erkert, Andrea (2017): Die 50 besten Spiele im Frühling.
München: Don Bosco

Erkert, Andrea (2018): Die 50 besten Spiele im Herbst.
München: Don Bosco

Erkert, Andrea (2018): Die 50 besten Spiele im Sommer.
München: Don Bosco

Erkert, Andrea (2017): Die 50 besten Spiele im Winter.
München: Don Bosco

Erkert, Andrea (2016): Die 50 besten Wald- und Wiesenspiele.
München: Don Bosco

Erkert, Andrea (2021): Im Morgenkreis den Teamgeist wecken: Teamspiele für Kindergartenkinder leicht gemacht.
Dortmund: verlag modernes lernen

Erkert, Andrea (2020): Lasst uns an einem Strang ziehen: Teambuilding-Spiele für Kinder im Alter von 5 bis 8 Jahren.
Dortmund: verlag modernes lernen

Erkert, Andrea (2021): Weniger ICH, mehr WIR: Wie Kinder durch tolle „Aha"-Erlebnisse prosoziales Verhalten lernen und alle gewinnen.
Dortmund: verlag modernes lernen

Erkert, Andrea (2022): Wir in Bewegung: Kooperative Bewegungs- und Geschicklichkeitsspiele im Kindergarten.
Lahr: Kaufmann

Mohr, Anja (2022): Im Wald. Projektreihe Kindergarten.
Lahr: Kaufmann

Mohr, Anja (2022): Die Wiese. Projektreihe Kindergarten.
Lahr: Kaufmann

Neumann, Antje; Neumann, Burkhardt (2009): Waldfühlungen. Das ganze Jahr den Wald erleben. Naturführungen, Aktivitäten und Geschichtenfibel. Mit Spielen, Übungen und Rezepten.
Aalen: Ökotopia

Neumann, Antje; Neumann, Burkhardt (2009): Wasserfühlungen. Das ganze Jahr Naturerlebnisses an Bach und Tümpel. Naturführungen, Aktivitäten, und Geschichtenbuch. Mit Spielen, Übungen und Rezepten.
Aalen: Ökotopia

Neumann, Antje; Neumann, Burkhardt (2015): Wiesenfühlungen. Das ganze Jahr die Wiese erleben. Naturfühlungen, Wahrnehmungsspiele und Geschichten. Mit Spielen, Übungen und Rezepten.
Aalen: Ökotopia

Orlick, Terry (2007): Zusammen spielen – nicht gegeneinander! 150 kooperative Spiele für Kinder.
Mülheim an der Ruhr: Verlag an der Ruhr

Portmann, Rosemarie (2012): Die 50 besten Spiele für ein faires Miteinander.
München: Don Bosco

Portmann, Rosemarie (2008): Die 50 besten Spiele für mehr Sozialkompetenz.
München: Don Bosco

Saudhof, Kathrin; Wagner, Brigitte (2009): Mit Kindern in den Wald. Erlebnis-Handbuch, Planung, Organisation und Gestaltung.
Aalen: Ökotopia

Stockert, Norbert (2013): Die 50 besten Kooperationsspiele.
München: Don Bosco

Über die Autorin

Andrea Erkert ist Erzieherin, Entspannungspädagogin und Fachlehrerin einer Grundschulförderklasse (GFK) in der Nähe von Stuttgart und verfügt über mehrjährige Berufserfahrung als Leiterin eines 5-gruppigen Kindergartens. Seit über 30 Jahren bietet sie im In- und Ausland praxisnahe Fortbildungen und Elternabende, auf Wunsch auch online, zu verschiedenen pädagogischen Themen an. Nicht zuletzt hat sie sich als Autorin spielpädagogischer Bücher längst einen Namen gemacht. Die Autorin hat zahlreiche spielpädagogische Bücher veröffentlicht, von denen die meisten in mehrere Sprachen übersetzt wurden. Inzwischen gehören ihre Veröffentlichungen zur Standardausstattung vieler Kitas und Kinderkrippen. Darüber hinaus werden sie auch gerne im Hort, in der Grundschule und sogar in der Seniorenarbeit eingesetzt.

Sie können Andrea Erkert für Fortbildungen und Elternabende u. a. zu dem Thema „Wie Kinder teamfähig“ werden“ buchen.

andrea.erkert@icloud.com
Tel. 07191 908357
Mobil: 0151 18533976

Raum für Notizen

Raum für Notizen

Raum für Notizen

Raum für Notizen

Lernen lernen – mit Spiel und Spaß

Maike Hülsmann / Julia Bauschke / Sabine Dudek / Sabine Hanstein

Segel setzen, Leinen los! Auf Piratenreise im letzten Kitajahr

Ein Programm zur Förderung schulischer Basiskompetenzen

„Segel setzen, Leinen los! Auf Piratenreise im letzten Kitajahr" ist ein bewegtes Programm zur Förderung schulischer Basiskompetenzen. Es nimmt die Kinder mit auf eine abenteuerliche Lernreise und begleitet sie in ihrem Übergang von der Kita in die Schule. Eingebettet in eine Piraten-Abenteuergeschichte bereisen die Kinder im Laufe des Programms insgesamt 8 „Inseln", die verschiedene Entwicklungsthemen widerspiegeln. Dabei greift das Programm bedeutende Bausteine der Entwicklung strukturiert auf und vertieft und stärkt wichtige basale Bausteine für das Lernen in der Schule – motorische Fähigkeiten, Wahrnehmung, Sozialverhalten, Lernkompetenzen sowie fachliche Basisfähigkeiten wie phonologische Bewusstheit und mathematische Grundkompetenzen.

„Das Buch setzt Maßstäbe für Förderprogramme im Vorschulalter und sollte in jeder Kita zu finden sein. Es eignet sich auch sehr gut für die Aus- und Fortbildung von Erzieherinnen, Ergotherapeuten und Lerntherapeuten." Klaus Seifried, Lernen und Lernstörungen

2., durchgesehene Auflage 2020, 304 S., farbige Abb., Groß-Format DIN A4, Beigabe: 340 Vorlagen als Download, Klappenbroschur, Alter: 5–7

ISBN 978-3-8080-0883-6 | Bestell-Nr. 1279 | 39,95 Euro

Ulrike Marten-Öchsner

„Hausaufgaben, oh ja!"

Begleitende häusliche Trainingsaufgaben zur Unterstützung der Behandlung und Entwicklung von Kindern im Kindergarten- und Grundschulalter

„Dieses Arbeitsmaterial für die Bereiche Ergotherapie, Logopädie, Physiotherapie, Heilpädagogik, Sozialpädagogik, Sonderpädagogik, Kindergarten, Vorschule, Grundschule bietet einen Fundus an häuslichen Trainingsaufgaben und Übungen, die den verschiedenen Behandlungsschwerpunkten zugeordnet sind. Das Arbeitsmaterial umfasst fünf Behandlungsschwerpunkte: Wahrnehmung Bewegung/Koordination, Manipulation/Feinmotorik/Grafomotorik, Planung/Handlung und Kognition/Aufmerksamkeit. Erfolge in Therapie und Pädagogik sind nur möglich, wenn therapeutische oder pädagogische Interventionen durch häusliches Üben ergänzt und weitergeführt werden. So können die behandelnden TherapeutInnen schnell und unkompliziert bereits zu Beginn oder am Ende der Therapieeinheit eine ‚Hausaufgabe' auswählen, die zu Inhalt und Therapieziel der Behandlungseinheit passt. Die Aufgabensammlung ist das Ergebnis der Verbindung von Therapie und häuslichem Üben unter Einbeziehung der Kinder und Familien. Die angefügte Wochenübersicht ermöglicht es dem Kind (oder ggf. den Eltern), das absolvierte Training zu dokumentieren." Dieter Bach, lehrerbibliothek.de

2021, 116 S., farbige Abb., Beigabe: Vorlagen zusätzlich als Download, Groß-Format DIN A4, Ringbindung, Alter: 4–10

ISBN 978-3-8080-0904-8 | Bestell-Nr. 1621 | 29,80 Euro

Gaby Hasenjürgen / Jochen Klein

SchADSkiste – Lernen mit Aufmerksamkeit

Wie Ressourcenorientierung und Methodenvielfalt zum Erfolg verhelfen

Die „SchADSkiste – Lernen mit Aufmerksamkeit" ist ein ressourcenorientiertes und praxisnahes Konzept zur Entwicklung der Konzentration, Aufmerksamkeitssteuerung und Selbstorganisation sowie konkreter Lernstrategien bei Kindern und Jugendlichen mit Konzentrationsproblemen oder mit bereits diagnostizierter AD(H)S. Gerade wenn bei Kindern und Jugendlichen bereits Resignation, Enttäuschung und auch Lernblockaden entstanden sind, brauchen sie einen individuellen, ressourcenorientierten Zugang zum „Lernen mit Aufmerksamkeit". Die SchADSkiste bietet im ersten Teil zur „Entdeckung der Ressourcen" einen Fahrplan, der es den Kindern und Jugendlichen Schritt für Schritt ermöglicht, wieder Zutrauen zu sich und ihren Fähigkeiten zu fassen und sich einem Veränderungsprozess zu öffnen, sodass wieder eine Bereitschaft und Motivation entsteht, sich dem Thema „Lernen mit Aufmerksamkeit" zuzuwenden.

Im zweiten Teil der SchADSkiste „Entwicklung der Fähigkeit Konzentration" werden dann die gängigen Konzentrationsprogramme zur Handlungsplanung und fokussierten Wahrnehmung und auch spezifische Lernstrategien, z.B. effektives Lernen bei Ablenkung, praxisnah vorgestellt.

Mit der SchADSkiste leichter und effektiver zum Ziel: Lernfreude und Lernerfolg – mit Aufmerksamkeit!

2020, 304 S., 2-farbige Gestaltung, Format 16x23cm, Klappenbroschur, Alter: 9–17

ISBN 978-3-8080-0878-2 | Bestell-Nr. 5235 | 22,95 Euro

Rezensionen:

„Mit Hilfe des Buches werden LerntherapeutInnen ebenso wie ErgotherapeutInnen und Lehrkräfte ermutigt, sich eine Schatzkiste anzulegen, um sich aus dieser zur Förderung von Kindern mit ADS-Symptomatik und/oder Lernschwierigkeiten zu bedienen. Die Kinder werden dabei begleitet, den in ihnen schlummernden ‚Schatz' zu entdecken und zu heben." Lernen und Lernstörungen

„Das Buch bietet Lern-, Ergotherapeut*innen, Sozialpädagog*innen, Förderlehrer*innen einen Fundus an Ideen, wie bei Kindern mit bereits erfolgter Diagnose AD(H)S sowie Lernblockaden durch die Aktivierung ihrer eigenen vorhandenen Ressourcen Veränderungsprozesse angestoßen werden können. Die ‚SchADSkiste' ermöglicht flexiblen Einsatz der Methoden nicht nur beim einzelnen Kind, sondern darüber hinaus lassen sich die Inhalte auf kleinere Gruppen bis hin zu einer ganzen Klasse anwenden." Wiederhold, ekz.bibliotheksservice

„Mit Gaby Hasenjürgen ist zusammenfassend zu sagen, dass die SchADSkiste bei unterschiedlichen Problemen zum Einsatz kommen kann. Vom gesamten ersten Teil der Publikation profitieren alle Kinder und Jugendlichen, bei denen es zu Lernblockaden kommt, die den Lernerfolg und, damit einhergehend Verhaltensänderungen behindern.

Der zweite Teil der Veröffentlichung ist bei den Kindern und Jugendlichen anzuwenden, bei denen in einzelnen Bereichen gravierende Lern- bzw. Lernstrategieprobleme konstatiert wurden, ohne dass aber ein ADS oder ADHS diagnostiziert wurde.

Im ersten Teil der SchADSkiste kommt es zu einer Entdeckung der Ressourcen. Im zweiten Teil steht die Entwicklung der Konzentration im Mittelpunkt." Dr. Carsten Rensinghoff, socialnet.de

141/8-22

vml verlag modernes lernen

Schleefstraße 14, D-44287 Dortmund
Telefon 02 31 12 80 08, Fax 02 31 12 56 40
E-Mail: info@verlag-modernes-lernen.de
Leseproben und Bestellen im Internet: www.verlag-modernes-lernen.de

Lernen lernen – mit Spiel und Spaß

Gisela Wiesner

Heilpädagogische Vorschulförderung in der Praxis

Wahrnehmungsentwicklung und ihre Bedeutung für das vorschulische Lernen

Dieses Vorschulförderprogramm dient der ganzheitlichen, grundlegenden Vorbereitung auf die Anforderungen, die ein Schulalltag an die Kinder stellen wird. Das Programm wurde nach lerntherapeutisch-heilpädagogischen Gesichtspunkten zusammengestellt und ist für die Anwendung durch fachlich ausgebildetes Personal (ErzieherInnen, LehrerInnen, PädagogInnen, TherapeutInnen und andere Fachpersonen) sowie Eltern geeignet.

Ergänzt werden diese Grundlagen durch viele praktische Spielideen zu den einzelnen Wahrnehmungs- und Lernbereichen und durch Anregungen zur Förderung und zum Aufbau der Förderplanung. Verschiedene Checklisten zur Entwicklung des Kindes, sowie Beobachtungsbögen unterstützen Förderung, Förderplanung und interdisziplinäre Zusammenarbeit. Dieses Buch bietet Fachleuten und Eltern wertvolle Hilfen und Anregungen, um Kinder „fit für die Schule" zu machen.

2022, 248 S., farbige Abb., Beigabe: Materialien als Download, Format 16x23cm, Klappenbroschur, Alter: 4–7

ISBN 978-3-8080-0911-6 | Bestell-Nr. 1335 | 21,95 Euro

NEU

Gisela Wiesner

Heilpädagogische Legasthenie- und Dyskalkulie-Förderung

Theorie und Praxis: Kinder adäquat fördern und betreuen

Dieses Förderprogramm bietet die Grundlagen, um Kinder mit Lese-Rechtschreib-Problemen / Legasthenie- oder Rechenproblemen / Dyskalkulie adäquat zu fördern und zu betreuen. Es dient als ganzheitliche, grundlegende Hilfe für die gesamte Schullaufbahn und wurde nach lerntherapeutisch-heilpädagogischen Gesichtspunkten in über 3 Jahrzehnten von der Autorin zusammengestellt sowie in der Anwendung mit ErzieherInnen, LehrerInnen, PädagogInnen, TherapeutInnen, Eltern und Betroffenen erprobt. Die genaue Diagnostik der Problematik und der differenzierte Umgang mit den Betroffenen erfordert solides Hintergrundwissen und ein gutes Einfühlungsvermögen. Darum ist es auch besonders wichtig, genau zu beobachten, ob die Wahrnehmungsentwicklung optimal fortgeschritten ist, weil ein Kind erst dann eine wichtige Grundlage für das schulische Lernen erworben hat. Es gibt immer eine Chance, ein Kind erfolgreich zu fördern. Um dies aber sinnvoll und zielgerichtet zu bewältigen, ist es unerlässlich, die Grundlagen und deren Zusammenhänge bezogen auf das Lesen, Schreiben und Rechnen genau zu kennen.

2023 (März), ca. 320 S., farbige Abb., Beigabe: Materialien als Download, Format 16x23cm, Klappenbroschur, Alter: ab 6

ISBN 978-3-8080-0929-1 | Bestell-Nr. 1341 | 23,95 Euro

Hans Jürgen Beins / Thomas Klee

Bauen ist lustvolles Lernen!

Wie Kinder spielerisch Balance finden

„Das Buch überzeugt durch die Kombination aus benötigten Alltags- bzw. Naturmaterialien, die Anbindung an Spiel- und Experimentierfreude der Kinder sowie das konsequente Verfolgen von Erfahrungsorientierung. Unaufwendig, aber effektiv gestaltete Anregungen ermöglichen den Kindern zeitgleich motorisches, intuitives, kognitives und soziales Lernen. Die vielen Fotos belegen eindrucksvoll, was Kinder miteinander und mit einfachen Gegenständen alles erkunden können. Das gemeinsame Handeln und Ausprobieren an solchen Bewegungsbaustellen hilft ihnen, ihre Welt zu entdecken, zu begreifen – aber auch zu gestalten." Dieter Wrobel, Kindergarten heute

„Es ist eines der besten Bücher, die ich jemals in der Hand hatte! Ich werde es empfehlen." Sozialpädagogin

„Die Autoren machen Lust auf noch mehr BAUEN: im Flur, im Garten, im Bewegungsraum, in der Bauecke. Sie stellen vielfältige Möglichkeiten zum klein- und großräumigen Konstruieren und Balancieren mit Alltagsmaterialien oder Kleingeräten mit aussagekräftigen Fotos vor. Ein Buch für die Praxis von begeisterten Praktikern, bei dem Entdeckerlust und Spielfreude im Vordergrund stehen sowie eine Schatzkiste an spannenden Ideen, damit Bauen mit kleinen und großen Kindern lustvolles Lernen garantiert." Anna Kapfer-Weixlbaumer, Unsere Kinder (A)

2., überarbeitete Aufl. 2020, 160 S., farbige Abb., Format 16x23cm, br, Alter: 2–12

ISBN 978-3-942976-29-9 | Bestell-Nr. 9460 | 16,95 Euro

NEU

Petra Hilbrandt

Humus für die Wurzeln

Gartentherapie mit Kindern

Das Buch will lebensnah und praktisch zeigen, wie man diesen gartentherapeutischen Weg mit Kindern beschreiten kann. Es gibt einen Einblick in das vielfältige und abwechslungsreiche Anwendungsspektrum der Gartentherapie und beschreibt eingängig, was diese Methode in der therapeutischen Arbeit mit Kindern so wertvoll macht. Durch die Vielfalt an natürlichen Materialien mit ihren variablen Anforderungen an Körper, Geist und Seele können sehr individuelle Therapieeinheiten kreiert werden, um unterschiedlichen Bedürfnissen gerecht zu werden. Gerade Kinder, die durch Probleme in den Bereichen Lernen und Verhalten ihr Potenzial nicht ausreichend entfalten können und in dieser belastenden Situation festzustecken scheinen, können sich im gartentherapeutischen Setting neue Handlungsspielräume erobern. Der Hauptteil des Buches widmet sich Anregungen aus der Praxis für die Praxis, die sich in der mehrjährigen Arbeit der Autorin mit Kindern bewährt haben. Die abwechslungsreichen Beispiele schöpfen aus der Fülle des gartentherapeutischen Repertoires und laden TherapeutInnen, PädagogInnen und ErzieherInnen ein, den eigenen beruflichen Kontext mit Elementen aus der Gartentherapie zu bereichern.

2023 (Jan.), 192 S., farbige Abb., Format 16x23cm, Klappenbroschur, Alter: 5–13

ISBN 978-3-8080-0928-4 | Bestell-Nr. 1339 | 21,95 Euro

140/8-22

vml verlag modernes lernen

Schleefstraße 14, D-44287 Dortmund
Telefon 02 31 12 80 08, Fax 02 31 12 56 40
E-Mail: info@verlag-modernes-lernen.de
Leseproben und Bestellen im Internet: www.verlag-modernes-lernen.de